◆ 어린이 동양철학 2 ◆

맹자
가라
사대

머 | 리 | 말

우리 조상들은 외세를 어떻게 이겨냈을까?

　우리들은 아득한 옛날부터 조상 대대로 아시아 대륙 동쪽 끝자락인 한반도를 토대로 중국 대륙과 접하며 살아왔습니다. 만주나 몽고 지역에 살았던 숱한 민족들(거란족, 돌궐족, 여진족, 홍건족 등)은 모두가 중국에 흡수되어 사라지고 말았는데, 크지 않은 영토와 인구를 가진 우리 민족이 굳세게 살아오고 있는 이유는 무엇일까요?

　우리 조상들은 옛날부터 인도와 중국으로부터 아시아 대륙의 정신문명을 받아들여 우리 것으로 삼는 데에 게을리하지 않았습니다. 인도의 불교 사상과 중국의 철학을 받아들여서 나라를 발전시키고 국민들의 정신을 높여서 지혜를 키우는 데 힘썼습니다. 아득한 삼국 시대부터 전래된 중국 사상은 고려와 조선 시대를 거치며 퇴계나 율곡 등에 이르러서는 거의 우리의 사상이라고 불러도 될 만큼 발전시켰습니다. 이는 우리 조상들이 무엇보다 사상을 중요하게 여기고 열심히 연구하여 이를 여러모로 활용하였다는 것을 보여줍니다.

　지금은 글로벌 세계화 시대입니다. 전 세계가 문을 열어 놓고 무한 경쟁을 벌이는 때이지요. 특히 우리와 가장 가까운 거리에 위치한 일본과 중국이 가장 무서운 경쟁 상대라고 합니다. 이 두 나라는 아득한 옛날부터 우리의 운명에 적지 않은 그늘을 던지기도 하였는데 지금에 와서도 달라진 것이 없다니 놀라울 뿐입니다.

    그렇다면 예전 우리 조상들이 중국과 일본으로부터 숱한 침략을 받으면서도 나라를 굳게 지키면서 빛나는 문화를 창조한 진정한 힘의 정체는 어디에 있을까요? 그것은 바로 아득한 옛날부터 고유한 우리 민족의 사상을 바탕으로 인도나 중국의 외국 사상을 받아들여 스스로를 일깨우며 지혜를 연마했기 때문이 아닐까요? 불교와 유교가 인도와 중국에서 들어왔지만 우리 조상들은 이를 우리의 불교와 유교라 할 만큼 새로운 사상으로 다듬었고, 그 정신력과 지혜로 나라를 지키고 어엿한 문화를 만든 것입니다.

    그렇다면 세계 최강인 중국·일본과 경쟁하는 우리가 지금에 와서도 왜 동양 사상을 제대로 알고 소화해야 하는지 이해가 될 것입니다.

    이 책은 옛날부터 지금까지 동양 전체에 큰 영향을 미치고 있는 고대 중국 사상의 핵심적 내용과 중요한 줄거리를 어린이들이 즐겨 읽을 수 있도록 이야기 형식으로 써 놓았습니다. 필자들은 김주창 선생과 동양 철학을 함께 공부한 것을 토대로 토론과 심사숙고를 통해 붙잡은 가닥을 중심으로 글을 써 나가면서 조상들의 숨결과 한숨, 그리고 외침을 느낄 수 있었음을 밝힙니다. 철학 사상의 중요성을 알고 성원을 아끼지 않는 해냄출판사에 깊은 감사를 드립니다.

어린이철학교육연구소 소장
박민규

차 | 례

1. 우주의 섭리를 밝히는 주역

음양오행설은 무엇일까요? · 10

사람의 운명을 풀어 주는 『주역』 · 20

2. 삶을 이끌어 주는 지혜의 책

어린이 교육의 씨앗이 되는 『소학』 · 38

청렴한 생활의 길잡이 『채근담』 · 53

마음을 밝혀 주는 거울 『명심보감』 · 79

3. 동양의 정신적 기둥인 사서

공부하는 사람의 마음가짐 『대학』 · 100

어진 사람이 되는 길 『논어』 · 117

호연지기를 가르치는 『맹자』 · 127

넘치지도 모자라지도 않는 『중용』 · 141

1. 우주의 섭리를 밝히는 『주역』

중국의 유교 경전으로 역경이라고도 하며, 주나라의 문왕이 지었다고 전해집니다. 중국 철학사에 중요한 위치를 차지하고 있는 『주역』은 괘의 모양에 따라 길흉화복을 점쳤습니다. 오늘날에도 사람들은 『주역』을 통해 자신의 미래를 미리 알아보곤 합니다.

음양오행설은 무엇일까요?

점치는 할아버지

"애들아, 할미 따라서 장 구경 안 갈래?"

"네, 좋아요!"

동민이와 노마는 심심하던 차에 얼씨구나 하고 따라나섰다. 며칠 전 노마는 동민이를 따라 동민이네 외갓집에 놀러 왔다. 시골에 오자마자 산으로 들로 신나게 다니다가, 사흘째가 되자 그만 시들해져서 뭐 재미있는 일이 없나 궁리하던 참이었다.

"시골 장날은 볼거리가 많지."

아이들이 좋아하는 것을 보고 동민이 외할아버지가 빙긋 웃으며 말씀하셨다.

겨울이라 추운 날씨였는데도 시골 장터는 물건을 사고파는 사람들로 발 디딜 틈 하나 없이 북적거렸다.

과일이며 곡식 등을 늘어놓고 파는 사람들, 항아리 장수, 기름 장수, 옷 장수 등등. 심지어 갓 젖을 뗀 강아지들을 바구니에 담아 가지고 나와 파는 사람도 있었다.

노마와 동민이는 신기한 듯 두리번거리며 장터를 누비고 다녔다. 사실 이렇게 떠들썩하고 시끌벅적한 광경은 처음이었다.

저마다 물건을 사라고 외쳐 대는 목소리에 활기가 넘쳤다. 아이들은 덩달아 신바람이 났다.

"호박엿이 왔어요. 둘이 먹다 하나 죽어도 모를 호박엿!"

"떡 사세요! 인절미, 바람떡, 무지개떡…… 있을 건 다 있어요!"

동민이는 김이 모락모락 나는 떡판 앞을 지나치며 군침을 삼켰다.

"노마야, 꼭 잔칫날 같지 않니?"

"그러게 말이야. 정말 없는 물건이 없구나!"

두 아이는 이것저것 구경하는 데 정신이 팔려 할머니를 따라 장에 왔다는 사실은 까맣게 잊어버리고 말았다. 한참을 걷다 보니 사람들의 발길이 뜸해지고 떠들썩한 소리도 차츰 멀어졌다. 길가에 호미나 괭이 등 농기구를 고쳐 주는 사람들이 드문드문 눈에 띄었다. 그 옆의 나무 밑에는 노인 한 분이 앉아서 조그만 책상 위에 책을 펼쳐 놓고 들여다보고 있었다.

"노마야, 저 할아버지는 장에 나와 공부를 하시는 모양이야."

동민이가 킥킥대며 노마의 옆구리를 찔렀다.

"그러게, 뭘 파시는지 궁금한데?"

둘은 호기심이 생겨 가만가만 그쪽으로 다가갔다.

"안녕하세요? 할아버지는 무엇을 파세요?"

책에서 눈을 뗀 노인은 아이들을 쳐다보더니 입을 열었다.

"나는 물건을 파는 장사꾼이 아니다."

"그런데 왜 장에 나와 계세요?"

"내 이름은 주자야. 옛부터 내려온 책인 『주역』을 공부하고 있지. 주역은 사람의 현재와 미래를 알려 준단다."

"아, 점 말씀하시는 거예요?"

동민이가 알겠다는 듯이 고개를 끄덕이며 말했다. 노인은 고개를 가로저었다.

"이건 그런 점과는 달라. '음양오행설'을 바탕으로 한 아주 심오한 이치를 가진 것이지."

"음양오행설이 뭔데요?"

"어허, 동양 사람이 아직 그것도 모르고 있다니, 쯧쯧."

"들어보기는 했지만 잘 몰라요."

노마는 머리를 긁적이며 말했다.

"좋아. 너희들에게

'음양오행설'이 뭔지 가르쳐 주마."

음양오행설은 무엇일까?

　노마와 동민이는 아예 책상 앞에 자리를 잡고 앉아서 주자의 말에 귀를 기울였다.
　주자는 큼큼 하고 헛기침을 몇 번 하더니 입을 열었다.
"먼저 '음양'이라는 것은 '기(氣)'의 두 종류인 음기와 양기를 가리킨단다. '기'는 가스 모양의 아주 작은 알갱이인데 만물을 구성하는 원자와 같은 성질을 가지고 있어. 이 '기'가 빽빽하게 모이면 무거워져서 물이나 흙, 쇠 등이 되고, 가벼워지면 하늘을 이루는 것이지."
동민이는 기니, 원자니 하는 어려운 말이 나오자 이마를 찡그렸다.
"그럼 사람도 이런 '기'로 이루어져 있나요?"
노마가 주자에게 물어보았다.
"물론이지. 사람이 숨을 쉬면서 하늘의 '기'를 마시면 피, 살, 뼈가 되어 몸을 이루지. 정신도 마찬가지야."
"그러니까 이 우주에는 제일 먼저 양기와 음기가 있었고, 그것이 수없이 많은 것들을 만들었다는 말씀이네요."
"아주 오래 전에는 양기와 음기가 아닌 단 하나의 '기'가 세계의 모든 것들을 이룬다고 생각했지. 하지만 하나의 '기'만으로는 이토록 다양한 만물의 생성과 변화를 설명하기 어려워 양기와 음기로 나누어지게 되었단다. 예를 들어 물은 차지만 불은 뜨겁지. 이처럼 다른 성질을 가진 것을 똑같은 하나의 '기'로 설명한다는 것은 곤란하지 않겠니?"

"아, 그래서 하나의 '기'가 아닌 양기와 음기의 두 종류로 나누어 생각하게 되었군요."

동민이가 이해가 간다는 듯 얼른 대답했다.

"맞아. 두 종류의 '기'로 우주를 설명하는 것이 훨씬 합리적이라고 생각한 거지. 좀 더 알기 쉽게 설명을 해 주마."

주자는 부스럭거리며 책상 밑에서 종이와 붓을 꺼냈다. 그러고는 뭔가 써 내려가기 시작했다.

잠시 후, 주자는 종이에 쓴 것들을 아이들에게 내밀었다.

분류	양	음
우주의 모든 것	하늘, 해, 밝음……	땅, 달, 어둠……
시간	봄, 여름, 낮……	가을, 겨울, 밤……
장소	위, 앞, 높은 것……	아래, 뒤, 낮은 것……
사람	아버지, 임금, 남편(남자)……	자식, 신하, 아내(여자)……
사람이 사는 세상의 일	존귀함, 부귀, 복된 것, 좋은 것……	천한 것, 흉한 것, 재앙……

"자, 이걸 보렴. 우주의 모든 현상과 사물은 이것처럼 음양으로 나누어 생각할 수 있단다."

종이를 찬찬히 들여다보던 노마가 이렇게 물었다.

"그럼 이렇게 나누어진 양기와 음기로 모든 것이 이루어지나요?"

"물론이다. 이 둘이 따로따로 떨어져 이 세계를 이룰 수는 없어. 바로 양과 음이 서로 만나 모든 것이 이루어지고 변화하는 거야."

그러자 동민이가 주자에게 따지듯이 물었다.

"에이, 그건 말도 안 돼요. 어떻게 서로 정반대의 기가 만나 모든 걸 이룰 수 있어요?"

"맞아요. 예를 들어 물과 불이 만나면 불은 꺼져 버리잖아요. 이렇게 있던 것도 없어지는데요."

노마 역시 주자의 말이 이치에 맞지 않다는 생각이 들었다.

"하지만 전기의 양극과 음극을 생각해 보렴. 혼자서는 아무것도 못해. 하지만 둘이 만나면 빛을 내기도 하고 큰 힘을 만들기도 하지. 이것을 보더라도 바로 양기와 음기가 서로 만나 새로운 것을 만들어 낸다는 걸 알 수 있지."

"그거야 그렇지요."

노마가 여전히 미덥지 않다는 얼굴로 대답하자 주자는 다시 차근차근 설명했다.

"또 양기인 하늘이 있고 음기인 땅이 있어 모든 생명체가 생겨날 수 있었지. 또한 여자와 남자가 만났기에 너희 또한 태어날 수 있었던 게 아니겠니?"

이번에는 노마와 동민이가 동시에 고개를 끄덕였다. 주자는 아이들을 쓰윽 둘러보더니 다시 입을 열었다.

"자, 그럼 이제 '오행설'로 넘어가 볼까? 오행은 쉽게 말해 나무, 불, 흙, 쇠, 물을 가리킨단다."

"흔히 '음양오행설'이라고 하는 건 오행이 음양과 무슨 관계가 있기 때문인가요?"

"물론이지."

주자는 아이들이 자기 말에 귀를 기울이고 열심히 듣고 있는 모습이 마음에 든 듯 다소 목소리가 커졌다.

"그러니까 '음양오행설'에서 음양은 가장 기초적인 요소이고, 오행은 음양이 서로 만나 구성된 보다 높은 단계의 요소라고 할 수 있지. 좀 더 이해하기 쉽도록 그림으로 보여 주마."

주자는 다시 붓을 들어 종이에 큼직하게 글씨를 썼다.

양기(+) ○			음기(-) ●	
○	◐	◐	◐	●
불	나무	흙	쇠	물
모두 양기로 이루어짐	양기가 많고 음기가 적음	양기와 음기가 균형을 이룸	음기가 많고 양기가 적음	모두 음기로 이루어짐

"이렇게 음양과 오행이 만난 '음양오행설'로 이 우주의 모든 것을 설명할 수 있단다."

그러자 노마가 주자에게 말했다.

"주자님, 한 가지 궁금한 점이 있어요."

"말해 보아라."

"주자님은 우주의 만물을 이루는 것이 음양의 두 '기'라고 하셨어요. 그렇지만 이 우주는 고정된 것이 아니라 끊임없이 변하잖아요. 달의 모습이나 계절도 늘 바뀌고, 자연에서 일어나는 변화는 너무나 다양해요. 이런 변화는 어떻게 설명할 수 있지요?"

그러자 갑자기 주자의 얼굴이 환해졌다. 끈질기게 캐묻는 노마가 무척 대견스러운 모양이었다.

"좋은 질문이야. 세상이 변하는 것처럼 '기'도 만물의 모든 것을 구성하면서 정지해 있지 않고 일정한 법칙에 따라 변한단다. 이를

테면 달이 찼다가 기우는 것도 그렇지. 또 양기인 여름이 한창일 때도 그 안에서는 이미 음기인 겨울이 올 준비를 하고 있는 거란다. 그러니까 양이 다하면 음이 온다는 말이 있는 거지."
주자는 아이들이 알기 쉽게 차근차근 설명해 주었다.
동민이가 생각을 정리하듯 물었다.
"그러니까 주자님 말씀은 양과 음이 교대로 돌면서 변화가 이루어진다는 거군요?"
"그렇지. 이러한 '음양오행설'에 바탕을 둔 철학이 바로 『주역』의 내용이란다."
주자가 들려준 '음양오행설'에는 심오한 뜻이 담겨 있는 듯했다.
노마는 점점 『주역』에 대해 궁금증이 치솟았다.
"그럼 『주역』에 있는 가장 주된 생각은 뭐지요?"
"방금 말했듯이 모든 것은 최고에 도달하면 변화가 생긴단다. 오르막길이 있으면 언젠가는 내리막길이 나오지?"
"네. 또 밤이 가면 밝은 아침이 오고요."
노마가 주자의 말을 받아 얼른 대답했다.
"이렇게 음양은 항상 흐르고 바뀌면서 서로 작용하여 새로운 모습을 낳는 거야. 그래서 이 우주는 항상 새로워지고 발전과 번영을 영원히 계속한다는 것이 『주역』의 중심 생각이야."
주자의 말은 어느덧 '음양오행설'에서 『주역』으로 넘어가기 시작했다. 노마와 동민이는 어렵긴 하지만 더욱 호기심이 생겼다. 그래서 주자의 이야기를 하나도 놓치지 않으려고 애를 썼다.

사람의 운명을 풀어 주는 『주역』

사람의 운명은 타고난 걸까?

장을 보고 돌아가던 사람들이 노마와 동민이를 흘끔흘끔 쳐다보며 지나갔다. 주자는 흐뭇한 미소를 띠고 있었다. 열심히 귀를 기울이는 두 아이가 신통한 모양이었다.

노마가 다시 주자에게 물어보았다.

"그럼 『주역』을 풀어서 사람의 운세를 보시는 건가요?"

"뭐 그렇다고 할 수 있지. 지금까지 얘기한 『주역』의 원리는 그대로 인간에게 옮겨 생각할 수 있는 거야. 왜냐하면 인간도 이 우주의 한 존재이기 때문이지."

"그러니까 우리의 생활도 '음양오행설'로 설명될 수 있다는 말씀이네요."

동민이의 말에 주자는 고개를 끄덕이며 말했다.

"그렇고말고. 특히 『주역』이 다루는 것은 인간의 운명이야."

운명이라는 단어에 부쩍 구미가 당기는지, 노마와 동민이는 번갈아 가며 주자에게 질문을 퍼부어 댔다.

"『주역』에서 생각하는 인간의 운명이란 어떤 거죠?"

"보통 인간의 운명은 태어나면서부터 정해져 있다고도 하고, 그 반대로 살아가면서 만드는 것이라는 말도 있잖아요?"

주자는 쏟아지는 질문에 잠시 숨을 고르더니 입을 열었다.

"물론 타고난 운명도 있긴 하지만, 『주역』에서는 인간은 스스로 자기의 운명을 개척할 수 있다고 본단다. 예를 들어 겨울이 가면 봄이 오는 것처럼 불운한 생활 속에서도 머지않아 행운의 날이 올 것을 믿으며 내일을 준비한다는 얘기지."

"만약에 지금 너무도 행복하다면요?"

"그때는 머지않아 닥칠지도 모를 불행을 생각하면서 스스로 경계하고 대처할 준비를 할 줄 알아야 한단다. 이러한 것이 바로 자신의 운명을 개척할 수 있는 능력이야."

노마와 동민이는 동시에 고개를 끄덕였다.

"듣고 보니 인간의 운명도 음양으로 설명될 수 있다는 게 충분히 이해가 가네요."

노마는 뿌듯한 표정으로 동민이를 돌아보며 말했다.

"봐. 이렇게 말할 수 있어. 그럼 불운한 날은 음기이고 행운의 날

은 양기잖아. 불운한 날이 가고 행운의 날이 온다는 것은 음기에서 양기로 변한다는 거 맞지?"
"그렇구나. 또 그 반대로 행운의 날이 있는가 하면 불운한 날도 찾아오는 것은 바로 양기에서 음기로 변한다는 거네."
동민이도 새로운 것을 발견했다는 듯 좋아서 싱글벙글했다.
잠자코 아이들의 말에 귀를 기울이던 주자가 덧붙였다.
"그래. 바로 너희가 깨달은 것처럼 항상 변화하는 음양의 법칙을 자기의 것으로 알고 주어진 환경 속에서 준비하고 노력하면 얼마든지 운명을 개척할 수 있단다."

　노마와 동민이는 『주역』의 내용에 대해 좀 더 자세히 알고 싶어졌다. 그래서 어서 이야기해 달라고 졸랐다.

『주역』은 어떻게 구성되어 있을까

　주자는 목이 컬컬한지 호리병에 담아 온 물을 한 모금 마시더니 입을 열었다.
　"먼저 『주역』을 구성하는 바탕이 되는 '효'와 '괘'에 대해서 설명해 주마."

"'효'와 '괘'요? 처음 들어 보는 말인데요."

"'효'는 하나의 기호라고 할 수 있어. 즉, '—'와 같이 표시하면 '양효'라고 부르고, '양기'를 나타내는 거야."

"그럼 '음기'를 나타내는 '효'도 따로 있나요?"

"그렇지. 아주 눈치가 빠른 녀석이로구나. 바로 '--' 이렇게 표시하면 '음효'라 하고, '음기'를 나타내는 거야. 아까 '양기'와 '음기'는 모든 만물을 이루는 바탕이라고 했지? 따라서 이 두 기호를 구성하면 모든 사물의 구조를 알 수 있단다."

노마는 이 말을 듣고 궁금증이 생겼다.

"어째서 효에는 '—'나 '--'와 같은 기호를 쓰게 되었나요?"

"그건 두 기호가 특별한 의미를 나타내고 있기 때문이야."

"그게 뭔데요?"

"먼저 양효인 '—' 표시는 양기인 하늘을 근본으로 하는데, 바로 하늘이 시초이므로 하나를 의미하는 거야. 그리고 음효인 '--'는 음기인 땅을 나타내지. 땅은 하늘 다음이라는 뜻에서 2개의 선으로 표시한 거란다."

"그저 아무렇게나 그린 것이 아니었군요."

노마는 옛날 사람들의 깊은 생각에 적이 놀랐다. 생각할수록 이치에 맞는 얘기 같았다.

"그럼 이러한 표시를 가지고 우리의 운명도 설명할 수 있다는 말씀인가요?"

동민이는 운명에 대해 듣고 싶어 조바심을 냈다.

"물론이지. 『주역』을 바탕으로 해서 인간의 운명을 풀어 볼 수 있단다."

"그럼 얼른 해 주세요. 제 미래가 너무너무 궁금해요."

그러자 주자는 빙긋 웃으며 동민이를 바라보았다.

"서둘 것 없다. 그보다 먼저 '괘'에 대해서도 알아야 하거든."

"'괘'는 또 뭐에요?"

"'효'가 3개 모인 것이 바로 하나의 괘야. 예를 들면 '☰' 이렇게 말이야."

"아, 그러니까 '양효'와 '음효'를 가지고 각각 3개씩 짝을 지어 하나의 '괘'를 만드는 거군요. 그러니까 모두……."

노마는 얼른 머릿속으로 계산을 했다. 미처 답을 말하기도 전에 주자가 말을 이어 나갔다.

"모두 8개가 만들어지지. 또 하나의 '괘'를 이루는 세 가지 '효'는 바로 하늘과 땅, 사람을 뜻한단다."

그때 동민이가 얼른 나서며 말했다.

"그럼 이것만 알면 모든 자연과 인간의 운명을 설명할 수 있는 건가요?"

"아니, 아직 한 가지가 더 남아 있지."

주자는 짐짓 뜸을 들이며 말했다.

"'효' 3개로 만들어진 괘는 작다는 뜻으로 소성괘라고 해. 이 소성괘 8개를 각각 2개씩 합쳐서 대성괘를 만드는 거야. 그럼 모두 64괘가 생기지?"

"네. 근데 이렇게 만들어진 '괘'로 어떻게 자연과 인간의 운명을 설명할 수 있는지 궁금해요."

"'소성괘'는 저마다 뜻하는 바가 다르고 이름도 달라. 그래서 이 두 '소성괘'의 모양과 성질, 위치, 그리고 '효'의 위치 등에 따라 각기 다른 개성이 생기는 것이지. 또 그 개성에 따라 다시 64개의 '대성괘'마다 이름이 붙여지게 돼."

"8개 '소성괘'의 이름이 뜻하는 것은 뭔데요?"

동민이는 갈수록 어렵고 복잡한 이야기가 나오자 이마를 찡그리며 물었다.

"자 이 표를 자세히 살펴보렴. 하긴 봐도 잘 모를 게다."

표를 찬찬히 들여다보던 노마가 주자에게 물었다.

"그럼 6개의 '효'로 이루어진 '대성괘'도 제각기 이름이 있고 뜻

괘의 형태	☰	☱	☲	☳	☴	☵	☶	☷
괘의 이름	건괘	태괘	이괘	진괘	손괘	감괘	간괘	곤괘
뜻하는 것 — 자연	하늘	연못	불	우레	바람	물	산	땅
뜻하는 것 — 인간	아버지	셋째딸	둘째딸	큰아들	큰딸	둘째아들	셋째아들	어머니
뜻하는 것 — 성질	건	즐거움	붙음	움직임	들어감	빠짐	정지	순함
뜻하는 것 — 방향	서북쪽	서쪽	남쪽	동쪽	동남쪽	북쪽	동북쪽	서남쪽
뜻하는 것 — 신체	머리	입	눈	발	다리	귀	손	배
뜻하는 것 — 동물	말	양	꿩	용	닭	돼지	개	소

하는 것도 모두 다르겠네요?"
"그럼그럼. 좀 더 자세히 알아보기 위해 누구 한 사람의 미래를 '대성괘'로 알아볼까?"
그러자 동민이가 기다렸다는 듯이 소리를 질렀다.
"네, 좋아요. 제 미래를 알려 주세요."
"으이그, 그렇게 좋으냐?"
노마가 웃으며 동민이를 놀렸다.
주자는 책상 밑에서 대나무통 하나를 꺼냈다.

동민이의 운세

동민이는 주자가 손에 든 것을 보고 눈을 동그랗게 뜨며 물었다.
"주자님, 그게 뭐예요?"
"이게 바로 네 미래를 알려 줄 물건이다."
주자는 통 안에서 가는 대나무 가지를 꺼내 들었다.
"이건 50개의 서죽이야. 서죽은 점을 칠 때 사용하는 산가지란다."
"아, 50개의 서죽으로 점을 치는군요."
"하지만 이 50개의 서죽 가운데 하나는 빼놓아야 해. 하나는 태극을 상징하는 것이기 때문이지. 태극은 이 세상의 근원으로 변하지 않는다고 생각하거든."
주자는 대나무 가지 중에 하나를 빼더니 아래로 내려놓았다.
"먼저 마음을 차분히 가다듬고 앉아서 49개의 서죽을 둘로 갈라

양손에 쥐는 거야."
노마는 주자가 대나무를 둘로 나누어 쥐는 걸 보고 물었다.
"양손에 쥐는 서죽의 개수는 똑같아야 하나요?"
"아니, 그건 아무래도 상관없단다."
"주자님, 어서 해 보세요."
동민이는 궁금증을 참지 못하고 성화를 부렸다.
"자, 잘 보아라. 오른손에 쥔 서죽을 책상 위에 내려놓고 그중 1개를 뽑아 왼쪽 약손가락과 새끼손가락 사이에 끼운다. 그 다음 왼손에 있는 서죽을 4개씩 덜어 내고 그 나머지를 가운뎃손가락과 약손가락 사이에 끼우는 거야."
주자는 능숙하게 손을 놀리면서 차근차근 설명해 주었다.
"만약 4개씩 덜어 내고도 4개가 남으면 나머지는 없는 거예요?"
"그럴 때는 남은 넷을 나머지로 해서 끼우면 되지."
그러자 노마가 책상 위를 들여다보며 주자에게 말했다.
"이제 책상 위에 내려놓은 서죽이 남았네요."
"그러면 책상 위의 서죽을 4개씩 덜어 내고 나머지를 이렇게 가운뎃손가락과 집게손가락 사이에 끼운다. 그렇게 해서 이 서죽을 모두 더하면 5가 아니면 9가 되지."
"다 끝난 거예요?"
동민이의 말에 주자가 고개를 흔들었다.
"아니, 아직 멀었어. 이번엔 손가락 사이에 끼웠던 서죽을 빼고 지금처럼 똑같은 과정을 되풀이하는 거야. 그러면 서죽의 수가 4 아니면 8이 돼. 이것이 두 번째 과정이고, 세 번째로 손가락에 끼웠던 서죽을 빼고 똑같이 반복해서 4 아니면 8의 수를 얻는 거야."
"어휴! 시간이 한참 걸리겠는데요."
"그래, 시간이 걸리지. 그리고 첫 번째, 두 번째, 세 번째 과정에서 나온 수를 합해서 다음과 같이 네 종류로 나누어야 해.

1. 세 가지 수의 합이 13 – 노양
2. 세 가지 수의 합이 17 – 소음
3. 세 가지 수의 합이 21 – 소양
4. 세 가지 수의 합이 25 – 노음

여기서 노양이나 소양은 양효가 되고, 노음이나 소음은 음효가 되는 거야. 이것으로 맨 처음의 효가 결정되는 거지."
"대성괘의 6개 효 중 하나의 효를 얻기 위해 이렇게 여러 번의 과정을 거쳐야 하나요?"
"모두 18번을 해야 한단다. 또 노양과 노음은 모두 양효이거나 음효인 경우야. 이때는 변효라 해서 노양은 음효로 바뀌고 노음은 양효로 변하게 되지."

"이유가 뭔데요?"

"시간이 지나면서 바뀌게 되는 거야. 완전한 양기는 곧 음기로 바뀌게 되고, 음기는 양기로 바뀔 것이기 때문이지. 자, 이제 동민이의 괘가 어떻게 나오는지 볼까?"

주자는 잠시 눈을 감았다 뜨고는 서죽을 잡았다. 그리고 지금까지 얘기한 대로 침착하게 18번의 과정을 되풀이했다. 동민이는 가슴을 두근거리며 주자가 하는 모습을 지켜보았다.

마침내 기다리던 동민이의 운세가 나왔다.

"자, 괘가 나왔구나."

주자의 말에 동민이는 기다리지 못하고 큰 소리로 물었다.

"뭐라고 나왔어요?"

"풍택중부란 괘가 나왔는걸."

"풍택중부라고요? 그게 무슨 뜻인데요?"

"이 괘의 모양은 어미 새가 알을 품고 있는 상이야. 진실하고 헌신적인 사랑을 나타내지. 이 괘의 형태를 보면 왕성한 4개의 양기가 중앙의 음기를 위아래에서 두텁게 호위하고 있구나."

"그럼 좋은 건가요?"

노마도 내심 궁금했던지라 얼른 물어보았다.

"물론 좋지. 이 괘를 얻은 사람은 대인 관계, 공동 사업, 결혼 등이 모두 좋아."

동민이는 그 말을 듣고 좋아서 어쩔 줄 몰랐다.

주자는 동민이의 희희낙락한 얼굴을 보며 한마디를 덧붙였다

"하지만 바른 마음과 바른 태도를 지녀야 해. 만약 여러 사람의 도움에 우쭐해서 잘난 체하거나 게을러지면 금방 추락하고 말아."
"동민아, 들었지? 너무 좋아하거나 까불지 말라고."
"어디 좀 더 자세히 살펴볼까? 무슨 일에나 성공을 거둘 수 있는 운세야. 고열이 나거나 심장병, 시력 감퇴 등의 건강 문제가 있을 수 있어. 또 하찮은 일로 부상을 당할 수 있으니 조심할 것. 여행은 좋아. 또 시험이라면 틀림없이 합격이야. 더 자세히 알아볼 수도 있지만 어때, 이 정도면 됐지?"
그러자 동민이가 갑자기 호들갑을 떨며 엄살을 부렸다.
"어! 그러고 보니 머리가 뜨끈뜨끈한 것 같네. 이상하게 심장도 빨리 뛰고. 혹시 큰 병에 걸린 게 아닐까?"
"내 참, 기가 막혀서. 아예 병을 만들어라."
"그래도 왠지 나쁜 건 좀 꺼림칙하잖아."
동민이는 자꾸만 신경이 쓰이는지 시무룩해져서 말했다.
노마는 주자에게 궁금했던 것을 물어보았다.
"주자님, 왜 사람들은 점을 볼까요? 맞는 것도 아닌데 말이에요."
"원래 사람은 자기의 힘으로 해결할 수 없는 어려운 일에 부딪히면 무언가 인간 이상의 큰 힘에 의지해서 풀어 보고자 한단다."
"그러니까 앞일이 걱정스러울 때 해결 방법을 찾으려고 점을 본다는 얘긴가요?"
"맞아. 특히 인간의 힘이 보잘것없던 원시 시대에는 자연의 힘에 두려움을 느꼈을 때 불행이나 괴로움에서 벗어나기 위해 점을 많이 쳤지."

"그럼 그때도 지금과 똑같은 방법으로 점을 쳤나요?"

"아니지. 그때는 점치는 방법도 무척 다양해서 조개껍데기나 모래, 나뭇가지, 동물의 뼈 등을 이용해 점을 쳤단다."

"『주역』도 그런 점치는 것 중의 하나지요?"

말없이 듣고만 있던 동민이가 불쑥 끼어들며 말했다.

그러자 주자는 당치 않다는 듯이 고개를 흔들었다.

"『주역』은 단순히 미신에 대한 책이 아니라 대표적인 유교 경전이기도 하단다. 나를 비롯한 많은 유학자들이 『주역』을 해설하는 책을 남기기도 했지."

노마와 동민이는 놀랐다.

"『주역』이 그런 책인 줄은 몰랐어요."

주자는 계속 말을 이어 나갔다.

"난 『주역』이 세상의 어느 책에도 뒤지지 않는, 훌륭한 수양을 위한 책이라고 생각한다. 우선 『주역』은 이 세상이 고정되고 정지되어 있다고 생각하는 것이 아니라 모든 것은 변한다고 보거든. 여름이 가면 가을이 오고, 또 불행이 가면 행운이 오고, 그러니 절망할 필요가 없다고 말하지. 반대로 행복할 때는 불행을 생각하며 반성하고 준비할 것을 경고해 주지. 즉, 인생을 살아가는 중요한 태도를 가르쳐 주고 있는 책이란다."

동민이는 자못 진지한 표정으로 주자의 말에 귀를 기울였다.

"또 『주역』은 인간의 운명은 자신의 마음 자세와 노력으로 얼마든지 발전시킬 수 있다고 말하고 있지. 즉, 반성과 노력의 소중함을 일깨워 주는 거야. 또한 협력을 중요시한단다. 하늘과 땅이 만나 이 세상을 이루고 남녀가 만나 생명체를 만드는 것처럼, 모든 것이 음양의 조화와 협력에서 출발한다고 보는 거야."
그때 동민이가 벌떡 일어나며 비명을 질렀다.
"큰일 났다! 할머니가 우릴 찾고 난리가 났을 텐데!"
두 아이는 허겁지겁 주자에게 인사를 하고 장터를 향해 냅다 뛰었다.
노마는 오늘 장 구경을 나오길 정말 잘했다는 생각이 들었다. 단순히 점 보는 책으로만 알고 있던 『주역』에 대해 많은 것을 배웠기 때문이다.

1월 9일 수요일 날씨: 맑음

　오늘은 동민이와 함께 시골 장을 구경했다. 그곳에서 주자 할아버지를 만났는데, 지금 생각하니 조금 아쉬움이 남는다. 나의 점괘를 받아 오지 않았기 때문이다. 동민이는 잠들기 전까지 자기의 점괘를 몇 번이고 곱씹어 보는 눈치였다. 좋은 말에는 기분이 좋고 자신감이 생기겠지만 나쁜 말을 들으면 좀 마음이 꺼림칙하겠지? 그러나 그럴 필요는 없다고 본다. 주자님의 말씀대로 생활이 항상 좋거나 나쁘기만 한 것은 아니기 때문이다.
　많은 사람들이 점 보는 것을 좋아한다. 조금은 신기하고 조금은 두렵고……. 그래서 점을 자꾸 보는 것 같다. 또 답답할 때 점을 보며 해결 방법을 찾기도 한다고 들었다.
　하지만 점을 보는 많은 사람들 중에 『주역』의 의미를 제대로 아는 사람은 얼마나 될까? 이 세계는 '양기'와 '음기'로 나누어져 있고 인간의 운명 또한 그러한 두 '기'로 설명된다는 것이 『주역』을 이루는 바탕이라는 것을 말이다.
　그래서 주자님을 비롯한 많은 유교 철학자들이 주역을 연구했다고 한다.
　『주역』은 단지 점을 치기 위한 책이 아니다. 그보다도 『주역』은 우리가 살아가는 태도와 방향을 진지하게 알려 주고 있다. 바로 불행에 실망하고 주저앉기보다는 희망을 갖고 노력하고, 행운에 자만하기보다는 겸손하게 앞날을 준비하는 모습을 말이다. 또 자기의 운명은 스스로 개척해 나가는 것임을 『주역』은 가르쳐 주고 있다.

 만약 우리가 『주역』의 근본 바탕과 의미를 알지 못한다면 인간의 운명을 점으로 알아보는 것은 아무런 의미가 없을 것이라는 생각이 든다.

 곰곰이 생각해 보니 점을 보지 않은 것이 오히려 다행인지도 모르겠다. 나쁜 점괘라도 나왔으면 무척 실망했을 것이기 때문이다. 동민이도 자기의 건강 운이 나쁘게 나오자 내내 찜찜한 표정을 감추지 못했다. 이런 동민이에게 『주역』은 어떤 말을 더 해 줄 수 있을까?

2 삶을 이끌어 주는 지혜의 책

『소학』, 『채근담』, 『명심보감』은 몸과 마음을 닦는 수신서로 널리 읽혔던 고전입니다. 학문을 처음 배우는 아동들에게 유학을 가르치기 위해 만들어진 『소학』은 충, 효, 예의범절과 같은 덕목들을 가장 중시하였고, 『채근담』은 청렴한 생활과 인격 수련을 강조하였습니다. 『명심보감』은 고려 때 중국 고전에서 좋은 말, 좋은 문장들을 뽑아서 만든 책으로, 조선 시대 어린이들의 학습서로 널리 쓰였습니다.

어린이 교육의 씨앗이 되는 『소학』

자기밖에 모르는 노마

"노마야, 방이 이게 뭐니! 돼지우리가 따로 없구나."
방문을 열어 본 엄마가 난장판이 된 방 안을 보더니 기겁을 했다.
"학원에도 가야 하고, 숙제할 것도 많은데 방 청소할 시간이 어딨어요?"
"학원 가고 숙제하는 것을 하루 종일 하니? 좀 깨끗하게 치우고 살면 정신도 맑아지고 얼마나 좋아."
"이 정도면 깨끗한 거지 뭐. 도대체 얼마나 더 치우란 말이에요?"
노마는 계속 심통을 부렸다. 엄마는 딱하다는 듯 노마를 물끄러미 쳐다보다가 고개를 절레절레 흔들었다.

"아참, 청소 이야기하다 깜빡했네. 엄마 심부름 좀 다녀오너라."
"또요?"
노마가 짜증스럽게 말했다.
"가게에 가서 두부 한 모하고 호박 한 개만 사 와."
"엄마는 만날 왜 저한테만 심부름을 시켜요? 기오도 있는데."
"아니, 애가 오늘따라 왜 이러지? 못 하겠다는 거니?"
"그래요. 저도 지금 바쁘단 말예요!"
"정말 못 하겠어?"
"네. 기오를 시키시든지 엄마가 가시든지 맘대로 하세요. 나는 못 하니까."
얼굴을 붉히며 노마가 말했다.
"학교에서 엄마가 심부름 시키면 듣지 말라고 배웠니?"
엄마는 화가 나서 큰 소리로 야단을 치셨다.
"알았어요, 알았어. 아휴, 귀찮아. 정말 잠시도 쉴 틈이 없다니까."
노마는 마지못해 일어나면서 투덜댔다.
"지금 밥을 뜸 들이고 있어서 그래. 노마가 두부랑 호박을 사 오면 맛있는 된장찌개 끓여 줄게."
"어쨌든, 다음부터는 심부름 좀 시키지 않았으면 좋겠어요."
엄마는 어이가 없다는 듯 웃고 말았다.
그날 밤, 노마의 엄마는 낮에 있었던 일

을 아빠에게 털어놓았다.

"노마한테 기본적인 것부터 다시 가르쳐 줘야 할 것 같아요."

"아니, 잘하고 있는 아이를 기본부터 가르치다니?"

"노마가 학교 공부는 잘 따라가고 있을지 모르지만, 사람이 되기 위한 공부는 아직 멀었어요."

"대체 뭣 때문에 그래요?"

"방 좀 치우라고 했더니 말대꾸를 하질 않나, 심부름을 시켜도 마지못해 투덜대면서 해요."

"하긴 그 녀석, 지난번에 친척 어른이 오셨을 때도 인사는커녕 제 방에서 나오지도 않았었지."

"네. 너무 자기밖에 몰라요. 따끔하게 혼내 줘야 한다니까요."

"알았어요. 내일 저녁에 내가 알아듣도록 잘 타이르겠소."

아빠는 무엇인가 결심한 듯 말씀하셨다.

아빠가 『소학』을 설명하시다

이튿날, 저녁 식사를 마치고 난 뒤였다.

아빠는 노마를 조용히 불러 앉히고 이야기를 꺼냈다.

"노마야, 너 공부를 잘한다는 것이 뭐라고 생각하니?"

"새삼스럽게 무슨 말씀이세요? 그야 시험을 잘 보는 거 아녜요. 제일 좋은 것은 백 점이고, 공부 잘하면 나중에 돈도 많이 벌고 출세도 할 수 있다잖아요."

"물론, 네 말도 틀리진 않아. 그렇지만 그게 전부는 아니다."

"……."

"공부의 진짜 의미는 그런 게 아니야. 물론, 학과 공부도 중요하지. 그러나 사람이 되는 공부가 훨씬 더 중요하단다."

"사람 되는 공부요?"

"훌륭한 인격과 덕을 닦는 공부를 말하지. 이를테면, 부모님과 웃어른을 공경하고, 친구 사이에 의리를 지키는 것 말이야."

노마는 잠자코 아빠의 말씀에 귀를 기울이고 있었다.

"사실, 그동안 우리 사회는 학과 공부에만 치중하느라 사람 되는 공부는 뒷전이었어."

"그러니까 사람이 먼저 된 후에, 학과 공부를 해야 한다는 말씀이시군요."

"그렇지. 이왕 말이 나온 김에 아빠가 『소학』이라는 책에 대해서 얘기해 주마."

"『소학』이요? 아휴, 그건 아주 케케묵은 옛날 책이잖아요. 지금 세상에 누가 『소학』을 공부한단 말이에요?"

노마가 뾰로통한 얼굴로 말했다.

"노마야, 공부의 진짜 의미를 일깨워 주는 책이 바로 『소학』이야.

옛날 우리 조상들은 어린이들에게 먼저 일상생활에 필요한 예의범절을 가르쳤는데 『소학』에 그 내용이 다 나와 있단다."

"그게 뭔데요?"

"자기 방을 청소하는 태도라든지 살아가는 데 필요한 예절을 가르쳤지. 이를테면, 부모를 사랑하고 어른을 공경하고, 스승을 존경하고, 벗과 이웃을 사랑하고 가까이 사귀는 도리와 같은 것들이야. 이것은 다 장차 몸을 닦고 집안을 일으키고, 사회를 위해 일하는 데 밑거름이 되어 준단다."

아빠가 애써 열심히 설명해 주는 데도 노마는 여전히 시큰둥한 얼굴이었다.

"물론, 그때에 비하면 지금은 생활이 많이 달라졌지. 하지만, 『소학』이라는 고전이 가르치는 사람의 도리는 지금도 충분히 소중한 것이란다."

아빠는 잠시 뭔가를 생각하더니 다시 입을 열었다.

"노마야, 세상에서 가장 중요한 일이 뭐라고 생각하니?"

"그야 부자가 되는 거죠."

노마는 당연한 걸 묻는다는 듯이 얼른 대답했다.

"어찌 됐든 돈만 많이 벌면 된다고 여기는 모양이구나."

"그럼요. 돈이 많으면 귀신도 하인으로 부린다고 하잖아요."

"허허, 녀석. 물론 돈을 많이 버는 것도 중요한 일이지. 그렇다고 나쁜 일을 해서 돈을 벌면 되겠니?"

"하긴, 나쁜 짓을 해서 돈을 벌면 안 되죠."

"노마야, 돈 버는 일도 물론 중요하지만 세상에서 가장 중요한 것은 사람답게 착하게 사는 일이야."

"사람이 너무 착하기만 하면 오히려 남에게 이용만 당한다고 그러던데요?"

"그건 그렇지 않아. 진정으로 착한 사람은 나중에는 복을 받고 잘 살게 마련이야. 『소학』이라는 책은 옛날 중국에서 어린이들을 가르치기 위하여 쓴 책이란다. 보통 『대학』을 읽기 전에 『소학』을 먼저 읽었지."

"어휴, 졸려요 아빠."

노마는 따분하다는 듯 하품을 했다.

"아빠 얘기가 재미없더라도 조금만 참고 들어 보렴. 다 너한테 도움이 되라고 하는 말이잖니?"

그러자 노마는 마지못해 아빠를 쳐다보았다.

"우리나라에서는 고려 말기에 이미 『소학』이 들어와 널리 보급되었단다. 『소학』에서는 무엇보다 부모에게 효도함을 으뜸으로 치고 있는데, 이유가 뭐라고 생각하니?"

"부모님이 우리를 낳아 주셨으니까요."

"맞아. 부모에게 효도하는 것이 모든 선한 일의 근본이 되기 때문이야. 또『소학』에서는 어린이들을 가르치는 일의 중요성에 대해서도 말하고 있지. 그래서 옛사람들의 아름다운 말과 행동을 모은 글도 있단다. 어버이와 자식, 국가와 국민, 부부 사이, 어른과 어린이, 친구들 사이에 마땅히 지켜야 될 예절들이 중심 내용을 이루고 있지."

노마가 갑자기 궁금하다는 듯 물었다.

"『소학』은 누가 쓴 책인데요?"

"지금부터 약 800년쯤 전에 중국 남송의 대학자인 주희가 지었다고 전해지지. 실은 주희가 친구인 유청지의 글을 다듬었을 뿐이라는 말도 있어.『소학』은 공경하는 마음으로 읽어야 할 책이란다. 그 안에 담겨 있는 말들은 올바른 예절을 일깨워 주거든. 왜『소학』을 공부해야 하는지 알겠니?"

"네. 조금은 알 것도 같아요."

노마가 천천히 고개를 끄덕거렸다.

"그냥 학과 공부만 잘하는 사람은 단지 소인일 뿐이야. 학과 공부 못지않게 인간 공부, 사람이 되는 공부를 잘해야 큰 인물이 될 수 있지. 노마 너도 소인이 아니라 대인이 되고 싶지?"

"네, 잘 알았어요. 골동품 아빠."

"허허, 녀석."

그로부터 일주일쯤 지난 어느 날 저녁이었다.

식구들이 모여 앉아 TV를 보고 있는데, 노마가 아빠에게 불쑥 말을 꺼냈다.

"아빠, 오늘 집에 오다가 아주 나쁜 사람을 보았어요."

아빠는 무슨 얘긴가 하여 노마를 쳐다보았다.

"글쎄, 문방구 앞에 빨간색 승용차가 떡하니 세워져 있더라구요. 그래서 문방구 할아버지가 차 주인에게 남의 가게 앞에 차를 세워 놓으면 안 된다고 하니까 기껏해야 스무 살 정도밖에 안 돼 보이는 사람이 다짜고짜 덤벼들어 할아버지를 넘어뜨렸어요."

"저런!"

"그러고는 차를 몰고 쏜살같이 도망가 버렸어요. 그런 사람은 아마 천벌 받을 거예요. 정말 사람이 아니에요. 짐승만도 못해요."

생각할수록 더욱 화가 치민다는 듯 노마는 씩씩거렸다.

"저는 오늘 세상에서 사람답게 사는 일이 중요하다는 걸 새삼 느꼈어요."

"그래, 오늘 아주 좋은 걸 배웠구나."

"지난번에 아빠가 말씀하신 사람 되는 공부를 지금이라도 할 수 있나요?"

"그럼! 아빠는 언제든지 대환영이다."

"곰곰이 생각해 봤는데요, 우리 식구들이 매일 저녁 함께 『소학』을 읽으면 어떨까요? 기오랑 엄마도 함께요."

"그거 정말 좋은 생각이다."

그때 한쪽에서 아빠와 노마의 얘기를 잠자코 듣고 있던 엄마가 끼어들었다.

"그러니까 우리 식구 모두가 저녁마다 머리를 맞대고 앉아 참사람이 되기 위한 길잡이, 『소학』을 읽자는 말이지?"

"네. 전 학과 공부만 잘하는 소인이 아니라, 학과 공부도 잘하고 참사람이 되는 공부도 잘 하고 싶어요."

노마는 굳은 결심을 한 듯 이렇게 말했다.

사람다운 사람이 되는 길

다음 날 저녁 식사가 끝나자, 노마네 식구들은 오순도순 모여 앉아 『소학』을 읽기 시작했다.

"먼저 기오가 서문을 읽어 보렴."

아빠가 말씀하셨다.

"인(仁: 어짊), 의(義: 정의로움), 예(禮: 예절), 지(智: 지혜로움)는 사람의 근본 성품이다. 무릇 이들은 감동을 따라서 나타난다. 이는 저절로 나오는 것이요, 억지로 힘써 되는 것이 아니다."

"이 말의 뜻은 부모를 공경하여 효도로 섬기고, 형을 사랑하여 우애를 지키고, 어른을 공경하여 받드는 것은 본래 사람이 지닌 성품이라는 얘기다. 이와 같은 성품은 저절로 나타나는 것이지 억지로 노력해서 되는 일이 아니란 뜻이지."

아빠가 식구들을 둘러보며 설명해 주었다.

"아빠, 사람한테 본래부터 어질고 정의롭고 예절 바르고 지혜로운

성품이 있다면, 이 세상에는 좋은 사람들만 있어야 되잖아요? 그런데, 왜 세상에는 나쁜 사람이 많을까요?"
노마는 시작부터 영 마음에 걸린다는 표정으로 물었다.
"그건 말이야, 사람들이 본래 가지고 있는 훌륭한 성품을 갈고 닦지 않고 그냥 내버려 두었기 때문이지. 마치 좋은 거울도 닦지 않고 오랫동안 놔두면 먼지가 끼듯이 말이야. 보석도 갈고 닦아야 빛이 나는 것과 같은 이치란다."
아빠의 말을 들으니 노마는 금세 이해가 되었다.
"자, 이번에는 계속해서 노마가 읽어 보렴."
"『소학』의 방법은 물 뿌리고 쓸고 응하고 대답하며, 집에 들면 부모에게 효도하고 밖에 나가면 어른을 공경하여, 행동에 혹 어긋남이 없게 하는 것이다. 이를 행하고 남은 힘이 있으면 시를 외우고 글을 읽으며, 노래를 부르고 춤을 추어 생각이 넘지 않도록 해야 한다."

"행하고 남은 힘이 있으면 시를 외우고 글을 읽는다는 말은 무엇을 뜻할까? 바로 옛사람들은 학과 공부보다 사람이 되는 공부를 더 중요시했다는 얘기지. 생각이 넘지 않도록 하라는 것은 생각이 조금도 예절에서 벗어나서는 안 된다는 말이란다."

이때, 엄마가 기오를 보고 타이르듯 말씀하셨다.

"기오야, 아까 형을 사랑하고 우애하라는 말 들었지? 그러니까 앞으로 형에게 대들지 말고 사이좋게 지내야 된다. 알았니?"

"제가 언제 형에게 대들었다고 그러세요?"

기오는 그 말에 토라져서 삐죽 입을 내밀었다. 그러자 노마가 한마디 거들었다.

"기오, 너 앞으로 이 형님의 말을 잘 들어야 한다. 에헴."

"노마 너도 마찬가지야. 형이면 형답게 의젓하게 동생을 사랑으로 대해야 해. 형이라고 무조건 기오를 윽박지르려고만 하지 말고."

엄마의 훈계에 노마가 멋쩍은 표정을 짓자 아빠가 껄껄 웃고 말씀하셨다.

"오래 전 일인데, 『내가 정말 알아야 할 모든 것은 유치원에서 배웠다』라는 책을 읽은 적이 있지. 그 책의 내용인즉, 사람이 사람답게 사는 게 무엇인지는 이미 어려서 다 배운다는 얘기였단다."

"그럼 이번에는 내가 읽을 차렌가?"
엄마가 책을 집어 들면서 말씀하셨다.
"세대는 멀고 가르침은 해이해져서 시골에 착한 풍속이 없고, 세상에 인재가 없으며, 이득에 대한 욕심이 어지러이 이끌며, 이단의 말이 떠들썩하고 시끄럽다. 이에 전에 들은 것을 모아서 오는 후손들을 깨우치고자 한다. 아아, 슬프다. 어린이들아, 공경스러이 이 책을 받으라. 내 말은 늙은이의 망령된 것이 아니라 오직 성인의 법도이다."
"소학을 쓴 사람은 왜 '슬프다, 어린이들아' 그랬을까요? 어른은 쏙 빼고. 그리고 왜 슬픈 거예요?"
"그래, 아주 좋은 질문을 했다. 슬픈 이유는, 교육다운 교육, 즉 사람이 되기 위한 교육이 제대로 이루어지지 못하는 세상을 한탄하는 거야. 또『소학』이란 책은 어린이들을 교육하기 위해서 쓴 책이니 당연히 어린이들을 불렀겠지. 어떠냐?『소학』을 보니까 가르침이 제대로 이루어지지 못하는 데에 대한 옛사람들의 진한 아쉬움이 느껴지지?"
노마와 기오는 서로 마주 보며 빙긋 웃었다.
"자, 이제 아빠 차례가 왔구나. 나는 교육을 세운다는 입교(立敎)편의 첫 부분을 읽어 보겠다."
이번엔 아빠가 느릿느릿 읽기 시작했다.
"사서 중에 하나인『중용』을 쓴 자사(子思)는 말했다. '하늘이 명한 것을 성품이라 이르고, 도리를 닦는 것을 가르침이라 이른다'

하였다. 이 책을 지은 것은 스승이 된 사람들로 하여금 가르치는 까닭을 알게 하고, 어린이들로 하여금 배우는 까닭을 알게 하려는 것이다."

아빠는 잠시 책에서 눈을 떼고 두 아이를 바라보았다.

"『소학』의 첫머리에서 사람 되는 공부에 대하여 말한 것은, 살아가는 데 있어서 그것이 가장 중요하기 때문이란다. 무엇보다 학과 공부 이전에 먼저 사람이 되기 위한 공부가 중요하다는 사실을 잊어선 안 된다. 첫날이니까 오늘은 이 정도로 끝낼까? 그래, 『소학』을 읽은 소감이 어떠냐?"

"글쎄요, 처음이라 잘 모르겠어요."

기오는 짧게 대답했다.

"하긴 '첫술에 배부르랴'는 말도 있지. 차츰차츰 꾸준하게 읽어 가다 보면 삶의 길잡이가 될 가르침을 만날 거야. 노마도 네 생각을 말해 보렴."

"저는 그동안 시험 잘 보고 성적만 좋으면 그만인 줄 알았어요. 그런데 막상 『소학』을 조금 읽어 보니 그게 아니에요. 반에서 1등 하는 것이 전부가 아니라 사람다운 사람이 되는 것이야말로 참공부라는 생각이 들어요."

"사실 『소학』에 아무리 좋은 얘기가 씌여 있더라도, 그걸 읽고 우리가 깨달은 것을 실천하겠다는 마음을 품지 않으면 아무 소용이 없단다."

엄마가 아이들을 보면서 말씀하셨다.

"무슨 책이든지 간에 그 가르침을 마음으로 받아들이고, 실천하겠다는 의지를 키우는 것이 무엇보다 중요할 것 같아요."
노마가 책장을 들춰 보다 좋은 생각이 떠올랐다는 듯 말했다.
"아빠, 우리 토요일마다 지난 일주일 동안 자신이 한 착한 일과 그렇지 못한 일들을 이야기하는 시간을 가지면 어떨까요?"
"그거 아주 멋진 생각이다. 우리 노마는 하나를 들으면 열을 아는구나."
아빠는 흐뭇한 표정을 지으며 말씀하셨다.
"아, 벌써부터 고민되네. 과연 착한 일이 날 기다려 주려나······."
난처한 표정을 지으며 기오가 짐짓 넉살을 부렸다.
"얘들아, 우리 아이스크림 먹을까? 아빠가 가서 사 오마."
"아네요, 아빠. 제가 갈게요."
그때 기오가 냉큼 일어서며 돈을 받아 들고 뛰어나갔다.
"하하, 기오는 벌써 시작하는구나."
아빠는 기분이 좋은지 너털웃음을 터뜨렸다.

2월 25일 월요일 날씨: 맑음

　오늘은 매우 뜻 깊은 날이었다. 오늘부터 식구들이 매일 저녁 둘러 앉아 중국의 고전인 『소학』을 읽기로 했기 때문이다. 식구들이 돌아가면서 한 구절씩 읽으면 아빠가 뜻을 풀이해 주셨고 그것에 대해 함께 이야기를 나누었다.

　『소학』에 의하면, 사람의 심성은 본래 인·의·예·지가 가득 찬 보배로운 것이었다고 한다. 이렇게 훌륭한 성품을 타고났으면서도 사람들이 자라면서 갈고 닦지 않아서, 세상에는 나쁜 사람이 많아졌다고 한다. 나는 올바른 성품을 닦기 위해 최선을 다하고 싶다.

　이제 배우는 까닭을, 배움의 진정한 이유를 조금은 알 듯하다. 벌써부터 온 식구가 모여 앉는 저녁 시간이 기다려진다. 나는 『소학』에서 배운 가르침을 마음으로 받아들일 작정이다. 실제 생활에서 예절을 실천하고, 참사람이 되도록 노력할 것이다. 그리하여, 내 마음이 맑은 물처럼 잔잔하게 빛나도록 해야지.

　또 엄마, 아빠의 말씀을 잘 듣고, 기오한테는 의젓한 형이 되도록 노력해야지. 기쁜 하루였다.

청렴한 생활의 길잡이 『채근담』

노마네 봄나들이

모처럼 노마네 가족이 한자리에 모여 저녁을 먹었다.
"와! 냉이 냄새가 아주 향긋하네. 냉이가 벌써 나왔나?"
"그럼요. 개나리, 목련이 꽃망울을 터뜨린 지가 언젠데요."
엄마가 미소를 띠며 말씀하셨다.
"아빠, 날씨도 좋은데 우리 이번 주말에 놀러 가요."
"그래요, 아빠. 네?"
노마와 기오는 기회를 놓칠세라 아빠를 졸랐다.
아빠는 잠시 뭔가를 생각하더니 시원스럽게 대답했다.
"좋아, 가자!"

그러자 기다렸다는 듯 노마와 기오가 재잘댔다.
"우리 에버랜드 가요."
"아니야. 롯데월드가 더 재미있어."
노마와 기오는 앞을 다투어 가고 싶은 곳을 말했다.
"이번 나들이 장소는 아빠에게 맡겨 다오. 아주 흥미로운 곳이 있단다."
"그게 어딘데요?"
아빠는 비밀이라며 입을 다물었다.
노마와 기오는 일요일이 오기만 손꼽아 기다렸다.
드디어 일요일 아침, 노마는 자리에서 일어나기가 무섭게 창밖을 내다보았다.
'오예! 날씨 한번 끝내 주는군!'
구름 한 점 없는 하늘을 보자 노마는 더욱 마음이 설레였다.
후닥닥 세수를 한 뒤 순식간에 옷을 갈아입고 야구 모자까지 꼼꼼히 챙겨 썼다. 기오도 어느 틈에 당장이라도 출발할 준비를 하고 있었다.
노마는 마음이 부풀어서 아침밥도 잘 넘어가지 않았다.
건성으로 숟가락질을 하는 노마를 보더니 엄마가 핀잔을 주었다.

"노마 넌 밥 먹으면서까지 야구 모자를 써야 하니?"

"미리 준비를 하고 있는 게 뭐 어때요? 기왕 나들이를 가려면 빨리 가요! 늦으면 놀이 기구도 다 못 탄다구요."

아빠가 그런 노마를 보더니 피식 웃었다.

"김칫국부터 마시지 마라. 누가 오늘 놀이 공원 간댔니?"

"에이, 아빠! 오늘 봄나들이 간다고 약속하셨잖아요."

기오도 아빠가 딴소리를 할까 봐 얼른 말했다.

"그래, 봄나들이 가자고 했지, 놀러 간다고는 안 했다."

"그게 그거죠, 뭐. 근데 우리 어디로 가요, 아빠?"

노마의 재촉에 아빠는 한참 뜸을 들였다. 그러고는 중대 발표라도 하듯 말씀하셨다.

"오늘은 책방 나들이를 간다."

노마와 기오는 한 대 얻어맞은 듯 멍한 얼굴로 서로 마주 보았다.

"책방이요? 책방은 우리 동네에도 있고, 어제도 갔었잖아요."

"그래요. 그런 시시한 곳에 가려고 저희가 일요일을 그렇게 기다린 줄 아세요?"

노마가 불만을 터뜨리자 기오도 덩달아 울상이 되었다.

"그냥 책방이 아니라 고서점(옛날 책방)에 가는 거란다."
"고서점이요? 거긴 뭐하러 가요?"
"그곳에서 좋은 책을 구할 수 있단다."
"아빠, 너무해요! 옛날 책만 잔뜩 모아 놓은 서점에 뭐 볼 게 있다고 일요일에 가요?"
그러자 엄마가 아이들을 조용히 타일렀다.
"노마야, 무조건 싫다고만 할 게 아니라 한번 곰곰이 생각해 보렴. 일요일 하루, 놀이 공원에 가는 것도 좋지만 뭔가 다른 일을 해 보는 것도 색다르지 않니?"
"아무튼 싫어요! 놀이 공원에 가려고 얼마나 별러 왔는데, 그런 곰팡내 나는 곳에서 죽치고 있을 생각을 하면 끔찍하다고요!"
노마는 막무가내로 고집을 부렸다.
"난 차라리 TV나 보며 집에 있을래."
어느새 TV 앞에 앉은 기오가 퉁퉁 부은 얼굴로 말했다.
"자, 너희들 어떻게 할래? 정 가기 싫다면 아빠 혼자 간다."
노마는 꿈쩍도 않는 아빠가 야속했다. 책방에 가는 것도 싫지만 이 좋은 봄날에 방 안에 틀어박혀 TV나 보는 것은 더더욱 따분한 일이었다.
한참을 망설이던 노마는 내키지 않는다는 듯 말했다.
"기오야, 바람이나 쐴 겸 따라갈까? 혹시 아빠가 피자라도 사 주실지도 모르잖아."
그러나 기오는 끝내 집에 있겠다고 우겼다.

결국 노마 혼자서 아빠를 따라나섰다.

나물 뿌리 이야기 『채근담』

일요일이라서 그런지 지하철 안에는 사람들이 많지 않았다. 나란히 자리를 잡고 앉자 아빠가 노마를 쳐다보며 말했다.
"얼굴 좀 펴라! 서점 가는 게 그렇게 못마땅하니?"
"기대가 크면 실망도 큰 법이잖아요. 아예 기대를 하지 않는 게 나아요. 그런데 아빠, 고서점에 우리들이 읽을 만한 책도 있나요?"
"있고말고. 무슨 책을 읽고 싶은데?"
"재미있는 동화책요. 음 만화책이면 더욱 좋아요."
"녀석, 나이가 몇 살인데 아직도 만화책 타령이냐?"
"아빠는 만화책이 얼마나 재미있는지 모르시죠?"
"재미있는 책이 꼭 유익한 것은 아니란다. 전부 그렇지는 않겠지만 만화 같은 것은 읽을 때는 재미있을지 몰라도 읽고 나면 남는 것이 별로 없잖니?"
"아빠, 밖에 나와서까지 잔소리예요?"
"이 녀석, 아빠한테 말버릇이 그게 뭐니? 몸에 좋은 약이 입에는 쓴 법이야."
아빠는 옆 사람이 들을까 봐 조용히 야단쳤다. 노마는 괜히 따라왔다 싶어 후회가 막심했다.
한참 뒤 지하철에서 내릴 때까지도 노마는 여전히 우거지상을 하고 있었다.

　노마는 아빠 뒤에 몇 걸음 떨어져 걸어갔다. 조금 걷다 보니 좁은 골목에 책방들이 죽 늘어서 있는 것이 보였다. 낡고 허름한 건물들 앞에는 누렇게 바랜 책들이 아무렇게나 쌓여져 있었다. 가게마다 '헌책 사고팝니다' 라고 씌어진 종이가 붙어 있었다.

　아빠가 '고려 책방'이라는 파란색 간판 앞에서 걸음을 멈추었다.

　"여기가 바로 아빠의 단골 책방이지. 자, 들어가자."

　이름만큼이나 오래된 책방이라는 생각을 하면서 노마는 안으로 들어갔다.

　매캐한 냄새가 훅 끼치자 노마는 대번에 얼굴을 찡그렸다.

　"어휴, 이 곰팡이 냄새!"

　"흠, 오래된 책 냄새는 언제 맡아도 좋단 말이야."

　아빠는 마치 노마를 약 올리듯이 코를 큼큼거렸다.

　"역시 이런 냄새가 나야 책 읽을 맛이 나지. 잉크 냄새가 나는 새 책은 맹해서 말이야."

　노마는 말없이 책방 안을 둘러보았다.

　조그만 책방 안은 온통 책으로 뒤덮여 있었다. 정리되지 않은 책들 위에는 수북이 먼지가 쌓여 있었고, 카운터에는 주인인 듯한 할아버지가 돋보기안경을 쓰고 무엇인가를 열심히 읽고 있었다. 손님들이 들락날락해도 그다지 신경을 쓰지 않는 눈치였다.

　"할아버지, 그동안 안녕하셨어요?"

　아빠가 인사를 건네자 할아버지는 그제야 고개를 쳐들며 안경을 벗어 들었다.

"오! 오랜만에 들르셨구먼. 오늘은 꼬마 손님이랑 같이 오셨네. 아들인가?"

"네. 노마야, 이리 와서 인사 드리렴."

"안녕하세요? 노마라고 해요."

"그래, 아주 똘똘하게 생겼구나."

노마는 다시 책이 쌓여 있는 곳으로 갔다. 아빠는 할아버지와 몇 마디 더 나눈 뒤에 노마에게 다가왔다.

"읽고 싶은 책이 있으면 맘껏 고르렴."

"다 별로예요. 잔뜩 손때가 묻고 낙서투성이인 이런 책을 누가 봐요?"

노마는 시큰둥한 얼굴로 누렇게 색이 바랜 책들을 아무렇게나 뒤적였다.

그때 문소리가 나더니 노마 또래의 남자 아이가 책방 안으로 들어왔다.

"안녕하세요? 할아버지, 제가 부탁 드린 책 구하셨어요?"

"응, 경민이구나! 물론 구했고말고. 이 할애비가 깨끗한 것으로 구해 놓았지."

"정말 고맙습니다. 참, 문제집은요?"

"그것도 구하고 있는 중이니까. 조금만

기다려라."

"할아버지, 제가 너무 급하게 졸라 대지요? 죄송해요."

"아니다. 늦어도 내일까지는 구해 놓을 테니 다시 들르렴."

"고맙습니다. 안녕히 계세요."

책을 받아 들고 명랑하게 인사하고 나가는 소년의 뒷모습을 쳐다보던 노마는 갑자기 얼굴이 확 달아올랐다.

절반도 풀지 않은 문제집을 마구 버렸던 일이며 아무렇게나 처박혀 있는 방 안의 책들이 머릿속에 떠올랐다.

"노마야, 뭐 읽을 만한 게 있니?"

아빠의 목소리에 문득 정신을 차린 노마는 비로소 책들을 훑어보기 시작했다. 그러다가 표지가 닳아서 너덜너덜해진 책 한 권을 발견했다. 그 책은 어려운 한문이 잔뜩 섞여 있었고 곳곳에 메모지가 끼워져 있었다.

"이렇게 고리타분한 책을 누가 열심히도 읽었네? 재미라곤 눈꼽만큼도 없겠는걸."

혼잣말로 중얼거리며 책을 다시 제자리에 끼워 두려는데 아빠가 노마에게 다가와 물었다.

"노마야, 그건 무슨 책이니?"

"저도 몰라요. 그냥……."

"어디 보자. 『채근담』이잖아! 이건

아주 유명한 동양 고전 중의 고전인데 이걸 어디서 찾았니? 와, 우리 노마 책 보는 안목 한번 대단한데!"

"아, 아니에요. 전 제목이 『채근담』이라는 것도 몰랐는걸요? 그런데 아빠! 『채근담』이 무슨 뜻이에요?"

"응, 나물 채, 뿌리 근, 이야기 담이라는 뜻이야."

"나물 뿌리 이야기요? 무슨 뜻인지 잘 모르겠어요."

"이 책 제목은 중국 송나라 시대의 유학자 왕신민이 쓴 문장에 나오는 '사람이 언제나 나물 뿌리를 먹을 수 있다면 곧 모든 일을 잘 이루어 낼 수 있을 것이다' 라는 말에서 유래된 것이란다. 즉, 풀뿌리를 씹는 가난한 생활 속에서도 양심과 지조를 지키며 참되게 사는 것이 사람의 진정한 길이라는 뜻이지."

"이 책을 지은 사람이 왕신민인가요?"

"아니란다. 지은이는 중국 명나라의 홍자성이라는 사람이지."

"그럼 그 사람은 풀뿌리를 씹을 만큼 가난했겠네요? 풀뿌리만 먹고도 살 수가 있을까?"

"홍자성이 살던 시대의 사회가 그만큼 혼란스러웠다는 것을 의미하지. 명나라에서 청나라로 왕조가 넘어가던 때라 관리들이 자신들의 욕심만을 채우는 바람에 서민들 살기가 무척 힘들었단다. 홍자성은 그렇듯 어려운 시절에 온갖 시련을 겪으면서도 끝까지 지조를 지키고 인격을 수양하면서 이런 책을 지었단다."

노마는 손에 잡히는 대로 이 책 저 책을 뒤적이며 아빠의 말을 건성으로 듣고 있었다.

"부자간에 무슨 얘기를 그렇게 사이 좋고 재미나게 하는지 나도 좀 끼어도 될까?"

그때 주인 할아버지가 다가오며 말씀하셨다.

"아, 『채근담』에 관해 들려주고 있었어요."

"『채근담』이라…… 좋은 책이야. 사람들이 돈만 알고 정신이 점점 메말라 가는 요즘 같은 때야말로 그렇게 마음의 수양이 되는 책이 꼭 필요하지."

"돈이 많고 잘살면 굳이 마음의 수양이 왜 필요해요?"

노마가 못마땅하다는 듯 한마디 툭 내뱉었다. 그러자 할아버지가 말씀하셨다.

"하지만 돈으로도 살 수 없는 것이 있단다. 그것은 바로 넉넉한 마음이야. 넉넉한 마음은 결코 돈으로 살 수 있는 것이 아니고 끊임없이 자신을 살피고 반성함으로써 비로소 얻어지는 것이지. 이런 점에서 『채근담』은 늘 곁에 두고 자신의 마음과 행실을 닦을 수 있는 좋은 책이란다."

"할아버지께서는 『채근담』을 읽어 보셨어요?"

"물론이지. 『채근담』은 괴로울 때나 기쁠 때나 언제나 나와 함께 하는 벗이나 다름없는 책이야."

"괴롭거나 기쁠 때 책을 본다고요? 이런 책 한 권 읽는다고 해서 자기 수양이 된다는 보장이 어디 있어요?"

"허허, 말하는 게 아주 맹랑하구나. '책은 마음의 양식'이라는 말은 들어 보았지? 특히 『채근담』 속에는 세상이 바뀌고 시대가 달

라져도 영원히 변하지 않는 진리가 들어 있단다. 한 문장 한 문장을 읽음으로써 마음이 넉넉해지고 자기도 모르는 사이에 올바르게 살아가는 길을 터득하게 된단다."
노마는 고개를 숙이고 잠자코 책장을 뒤적였다.
"우리 노마가 말문이 막힐 때도 있구나."
아빠가 웃으며 말을 걸었다.
"한자가 섞여 있어서 무슨 뜻인지 잘 모르겠어요. 아무리 봐도 어렵고 고리타분한 책 같아요."
"녀석, 이제는 별 생트집을 다 잡는구나. 누가 너보고 억지로 읽으라고 했니? 네가 안 읽으면 아빠가 읽을 테니까 걱정하지 마라. 아무튼 좋은 책을 찾아 주어 고맙다."

아빠는 소중한 물건을 다루듯 『채근담』을 쓰다듬었다.

그러고는 골라 둔 다른 책들과 함께 『채근담』을 가져가 계산을 했다. 빈손으로 나오기가 좀 아쉬워 노마도 동화책 한 권을 골랐다. 골목을 빠져나오며 노마는 '고려 책방'이라는 간판을 다시 한 번 돌아다보았다.

아침과 달리 지하철 안은 사람들이 붐볐다. 다행히 빈자리가 나서 앉을 수 있었지만 많은 사람들이 한꺼번에 밀려드는 바람에 차 안은 콩나물시루나 다름없었다.

여기저기서 투덜거리는 소리가 들렸다. 그때 누군가 큰 소리로 고함을 질렀다. 출입구 쪽에 서 있던 그 아저씨는 술에 취해서 혀가 꼬부라진 소리로 술주정을 했다. 그러자 옆에 서 있던 사람이 점잖게 한마디 했다.

"거 좀 조용히 합시다. 혼자 타고 다니는 자가용도 아닌데 다른 사람에게 방해가 되지 않소?"

"뭐! 어디서 설교야. 남이야 소리를 치든 말든 무슨 상관이야!"

술 취한 아저씨는 그 사람에게 행패라도 부리려는 듯 비틀거리며 다가갔다. 그러면서도 계속 사람들에게 시비를 걸었다.

사람들은 모두 어이가 없다는 듯 혀를 차며 고개를 돌렸다.

노마는 한동안 뭔가를 골똘히 생각하더니 아빠에게 물었다.

"아빠, 어른이 왜 저래요? 아이들한테는 공중도덕을 잘 지키라고 하면서."
"저런 사람이야말로 자기 수양이 안 된 사람이라고 할 수 있지. 다른 사람들은 전혀 생각하지 않고, 마음 내키는 대로 살다 보니 저런 행동도 하게 되는 거야."
"저 사람은 원래부터 저랬을까요?"
"태어날 때부터 나쁜 사람은 없단다. 사람들에게는 욕망이라는 것이 있는데, 이런 욕망을 잘 자제하는 사람들이 있는 반면, 저 사람처럼 자기 욕망대로 아무렇게나 행동하는 사람들도 있지."
"욕망을 자제하기가 힘들어서 여러 가지 문제가 일어난다는 말씀이군요?"
"그렇지. 노마 너만 해도 오락실에 가고 싶은 욕망, 놀고 싶은 욕망 등을 잘 참지 못하잖니. 아빠 말이 맞지?"
"그건 아빠도 마찬가지죠. 담배 끊으려다가 실패하신 게 한두 번이 아니잖아요."
노마는 한마디도 지지 않았다.
"허허, 녀석. 몇 번 실패하긴 했지만 지금은 담배를 끊었지 않니? 아직도 꽁한 게 안 풀렸구나."
아빠는 노마를 보고 빙긋 웃더니 다시 말씀하셨다.
"사람들 모두가 자신의 마음속에 이런 욕구들을 감추고 있단다. 자신의 마음과 행실을 바르게 닦으려면, 좋은 책 한 권을 지니고 그 책을 벗 삼는 것보다 좋은 방법이 없지."

그러더니 손에 들고 있는 『채근담』의 책장을 조심스럽게 펼쳤다. 노마는 그런 아빠를 보며 슬그머니 그 책에 대하여 호기심이 생겼다. 또 가만히 생각하니 오늘 하루 아빠를 따라다니며 심통을 부린 일이 후회도 되고 미안한 마음도 들었다. 그래서 『채근담』을 한번 읽어 보기로 마음먹었다.

『채근담』 선생님이 된 노마

"우리 노마가 『채근담』에 쏙 빠진 모양이구나!"

엄마가 도시락을 챙겨 주면서, 노마의 가방을 슬쩍 들여다보더니 말씀하셨다.

"에이, 엄마는! 항상 곁에 둬야 읽게 되잖아요. 그래야 조금이라도 빨리 친해지죠."

엄마는 빙그레 웃었다.

"그래, 노마의 결심이 작심삼일이 되지 않길 바란다."

"엄만 이 아들을 그렇게도 못 믿으세요? 두고 보시라고요."

노마는 자신만만한 표정으로 큰소리를 치며 집을 나섰다. 학교로 향하는 노마의 발걸음은 가볍고 힘찼다.

1교시가 끝나고 쉬는 시간이 되자 노마는 『채근담』을 펼쳤다. 그때 동민이가 노마의 옆구리를 찔렀다.

"나랑 지우개 따먹기 하자."

"싫어. 책 읽는 거 안 보이니?"

"책? 야, 무슨 바람이 불었니? 책을 다 읽게? 무슨 책인데, 이리 좀 줘 봐."

동민이는 낚아채듯 책을 빼앗아 이리저리 뒤적였다.

"이렇게 한문이 섞인 책을 어떻게 읽는다고? 괜히 폼만 잡는 거겠지. 안 그래?"

"아니야. 밑에 해석이 나와 있어서 한자를 몰라도 읽을 수 있어."

"그래도 그렇지. 얘들아! 다들 여기 좀 봐라. 여기에 조선 시대 선비 한 분이 오셨다. 어디 케케묵은 갓하고 두루마기 있으면 좀 가져오너라."

동민이의 말에 반 아이들이 우르르 노마에게 몰려들었다.

"야, 너 잘난 체하려고 아빠 책 몰래 가져왔지?"

"이해하지도 못하는 책을 무겁게 뭐하러 갖고 다니냐?"

아이들이 제각기 한마디씩 떠들어 댔다.

그때 선생님이 교실로 들어왔다.

"뭐가 그리 재밌어서 이 소란들이냐?"

선생님의 목소리에 아이들은 얼른 제자리로 돌아가 앉았다.

"선생님! 노마는 자기 수준에 맞지도 않는 어려운 책을 가지고 다니면서 잘난 체한대요."

"내가 언제 잘난 체했니? 그냥 조용히 읽으려고 했는데……."

노마는 거의 울상이 되어서 『채근담』을 가방 속에 집어넣으려고 했다. 그러자 선생님이 뚜벅뚜벅 노마에게 걸어왔.

"무슨 책인데 그러니? 어디 좀 보여 주렴."

선생님이 찬찬히 책을 훑어보는 동안 교실 안은 쥐 죽은 듯 조용해졌다.

"노마, 너 이 책 어디서 구했니?"

"지난 일요일에 아빠랑 헌책방에 가서 샀어요."

"오, 그래? 정말 좋은 책을 샀구나. 중국 명나라 홍자성이라는 사람이 지은 『채근담』이라는 책인데, 동양 고전 중에서도 아주 유명한 책이지. 우리 조상들은 이 책을 통해서 자신의 마음과 행실을 바르게 닦았단다. 또 지금 우리에게도 꼭 필요한 고전이라고 할 수 있지."

"선생님, 그래도 우리들이 읽기에는 너무 어려운 책이 아닌가요?" 뒤에 앉아 있던 나리가 물어보았다.

"꼭 그렇진 않아. 한 문장 한 문장 읽으면서 그 의미를 따져 본다면 너희들도 충분히 이해할 수 있는 책이란다. 그렇지, 노마야?"

"아직 많이는 못 읽었어요. 사실 저 혼자 읽기에는 조금 힘든 부분도 있어서요."

노마의 대답에 잠시 고개를 갸웃거리던 선생님이 말씀하셨다.

"자, 우리 이렇게 하면 어떨까? 1교시가 시작하기 전에 잠깐 시간을 내어 우리 반 전체가 이 책을 함께 읽는 거 말이다. 노마가 책을 읽다가 토론하고 싶거나 잘 모르는 것을 한 구절씩 골라 오는 거야. 그러면 우리 모두 그것에 대해 함께 생각해 보는 거지. 얘들아, 너희들 생각은 어떠니?"

아이들의 의견이 찬성과 반대로 엇갈리며, 교실 안은 순식간에 왁

자지껄해졌다.

"선생님! 투표로 결정해요."

동민이가 제안을 했다.

"그거 좋은 생각이다. 과반수가 넘는 쪽으로 정하는 거다."

투표 결과 찬성하는 아이들이 많아 그렇게 하기로 결정되었다. 몇몇 아이들은 계속 불평을 늘어놓았다.

"결과에 깨끗하게 승복할 줄도 알아야지. 자, 시작이 반이라는 말도 있듯이 지금 당장 시작해 보자. 노마야, 앞으로 나오렴."

욕망을 다스릴 줄 아는 사람

갑자기 벌어진 일이라 노마는 좀 당황했지만 용감하게 앞으로 걸어 나갔다. 마치 선생님이 된 듯한 우쭐한 기분이었다. 노마는 교탁에 책을 펼쳐 놓고 책장을 넘기다가 43쪽을 폈다. 지난번 읽다가 잘 이해가 되지 않아 밑줄을 쳐 놓은 부분이었다.

"몸을 세움에 있어 남보다 한 걸음 더 높이 세울 수 있어야 한다. 세상을 살아감에 있어 남보다 한 걸음 뒤로 물러설 줄 모른다면 어찌 편안한 생활을 바라겠는가."

노마의 말이 끝나자마자 동민이가 마치 몰아세우듯 소리쳤다.

"무슨 도사 같은 소리냐? 그리고, 요즘 같은 경쟁 시대에 남보다 한 걸음 물러나서 어떻게 잘살 수 있다는 거야?"

"동민이 말이 맞아. 그렇게 하다가는 낙오자가 될 게 뻔해."

혜라도 동민이의 의견에 맞장구를 쳤다.

"여기서 한 걸음 뒤로 물러설 줄 알아야 한다는 것은 너무 경쟁의식에 빠져 남을 앞지르려고만 하지 말고 여유와 겸손의 마음을 가져야 한다는 뜻이야."

노마는 아이들 눈치를 살피며 작은 목소리로 말했다.

"여유와 겸손! 그런 건 어쩌면 경쟁에서 밀려난 사람들이 하는 변명 아닐까?"

"혜라야, 꼭 그렇지만은 않아. 요즘에는 모든 사람들이 남들보다 앞서려고 하지 않니? 그리고 자기보다 못한 사람들을 깔보고 무시하기 일쑤지. 그렇게 사는 것보다는 한 걸음 물러나서 여유 있는 마음으로 사는 것이 훨씬 나을지도 몰라."

나리가 자기 생각을 또박또박 말했다. 노마는 응원군을 만난 것처럼 반가웠다.

그러자 혜라가 다시 말했다.

"누구나 경쟁심을 갖는 건 당연한 일이야. 어차피 세상은 혼자 사는 것이 아니라 여러 사람들이 함께 살아가는 거니까 경쟁을 피할 수는 없잖아."

"물론이지. 여기서도 무조건 경쟁을 하지 말라는 것은 아닌 것 같아. 나 또한 선의의 경쟁은 꼭 필요하다고 생각하거든. 그것은 자신은 물론 다른 사람들에게도 많은 도움이 될 수 있겠지. 우리 사회가 이만큼 발전한 것도 그 덕분일 거야."

노마의 말에 나리가 거들고 나섰다.

"노마가 말한 대로 선의의 경쟁에 대해서는 나도 찬성이야. 개인과 개인, 국가와 국가 사이의 경쟁이 있어야 지금보다 나아지려는 노력을 할 거 아니니? 하지만 항상 지나치다는 것이 문제지."

그러자 이번에는 동민이가 나리에게 다그치듯 말했다.

"선의의 경쟁? 누구는 그렇게 하고 싶지 않니? 그렇지만 그게 어디 쉬운 일이야? 나리, 노마 너희들만 해도 그렇게 못하잖아."

잠시 생각하던 노마가 다시 입을 열었다.

"그래서 인격 수양이 필요한 것이 아닐까? 사람들에겐 누구나 남을 이기고자 하는 욕망이 있어. 그런 욕망들이 모여서 경쟁이 되는 거라면 그것을 잘 다스릴 수 있는 사람이 정말 지혜로운 사람일 거야. 사람들 각자가 조금씩만 그런 욕망을 절제한다면 선의의 경쟁이 꼭 그렇게 어려운 것만은 아니라고 생각해."

"난 그런 자연스러운 욕망을 절제할 필요는 없다고 생각해. 경쟁할 때는 경쟁하면서 살아야지. 그리고 인격 수양을 핑계로 현실을 외면하면서 살아가는 사람들이 얼마나 많니? 그것은 어디까지나 현실도피밖에 될 수 없어!"

동민이는 약간 흥분한 듯 얼굴이 벌게져서 목소리를 높였다.

노마가 그런 동민이를 보며 차분한 목소리로 말했다.

"내 말은 현실을 외면하면서 살자는 것이 아니야. 그리고 『채근담』에서 말하고 있는 인격 수양도 현실 속에서 자신의 마음을 다스려 나가자는 것이지, 아예 현실을 벗어난 인격 수양은 아니라고. 솔직히 그런 것이 무슨 의미가 있겠니?"

"맞아. 어느 정도 자신을 다스리는 것은 정말 필요하다고 생각해. 항상 남들을 앞지르려고 하면서 사람들 앞에서 자기 재주만 믿고 그것을 뽐내는 사람들이 많잖아."

현정이가 얼른 덧붙여 말했다.

"그렇지만 우리 사회에서는 그런 사람들이 능력 있고 유능한 사람으로 인정받지 않니?"

동민이는 기세가 좀 누그러지긴 했지만 여전히 못마땅하다는 말투였다.

"그래, 그건 사실이야. 하지만 물불 안 가리고 앞으로 나아가는 것은 흡사 불꽃의 유혹에 끌려 제 몸을 태워 버리는 불나비와 마찬가지라고 『채근담』에도 나와 있어. 우리 주위에도 불나비와 같은 사람들이 많은 것 같아."

"뭐든지 적당한 것이 좋긴 하지만 그게 잘 안 되는 이유는 뭘까?"

문득 현정이가 생각에 잠긴 얼굴로 조용히 물었다. 노마는 짐짓 어른스러운 목소리로 대답했다.

"그게 다 사람들의 욕심 때문일 거야. 만족할 줄 모르고 뭐든지 많이 가지려고 하고 남보다 앞서려고만 하니까 세상이 점점 혼란스러워지는 게 아니겠니?"

"하지만 어느 정도의 욕심은 필요하다고 생각해. 아무 욕심도 없는 사람은 삶에 대한 의욕도 없을 거야. 우리가 공부를 할 때도 잘해야겠다는 욕심이 있어야 자신에게 도움도 되고 발전도 있는 법이잖아."

그때, 잠시 잠자코 듣고 있던 범수가 끼어들었다.

"물론 모든 욕심을 버리라는 얘긴 아니야. 적당한 욕심은 정말 필요해. 지나친 욕심과 과열 경쟁이 문제지."

노마는 너무나 당연하다는 듯 아이들을 죽 둘러보며 말했다.

"적당한 욕심과 올바른 경쟁이라……."

동민이가 혼잣말로 중얼거리더니 뭔가 곰곰이 생각하는 눈치였다.

갑자기 교실 안이 조용해졌다. 아이들도 나름대로 제각기 생각에 잠겨 있는 듯했다.

한참 뒤에 노마가 다시 입을 열었다.

"자, 그래서 모두들 『채근담』을 열심히 읽어서 지나친 욕심이나 경쟁심에서 한 걸음씩만 물러날 수 있는 방법을 배우자는 거잖아. 그러면 우리 자신과 세상이 좀 더 좋아지지 않을까?"

그러자 동민이가 노마에게 이렇게 말했다.

"근데, 노마 네가 맨 처음 읽은 구절은 앞뒤가 맞지 않아. '몸을 세움에 있어서 남보다 한 걸음 더 높이 세워야 한다'라는 문장과 '세상을 살아감에 있어서는 남보다 한 걸음 뒤로 물러서야 한다'라는 문장은 서로 모순이야."

"그래 맞아. 몸을 세우는 것은 결국 출세를 말하는 건데 출세를 위해서는 남보다 한 걸음 먼저 나아가야 한다는 말이잖아."

혜라도 동민이와 같은 생각이라는 듯 노마에게 말했다.

"아니야. 그건 너희들이 '몸을 세운다'는 말을 잘못 해석한 거야. 여기서는 자신의 인격을 확립한다는 뜻이야. 즉 사람이 정신적으로 인격을 세움에 있어서 세상의 다른 사람들보다 한 걸음 더 높은 인격 수양의 목표를 세우지 않는다면, 이는 먼지 속에서 옷을 털고 흙탕물에 발을 씻는 것과 같다고 『채근담』에는 씌어 있어."

"더 높은 인격 수양의 목표? 그게 무슨 뜻이지?"

현정이의 질문에 노마는 정확하게 설명할 말이 얼른 떠오르지 않았다.

잠시 후 노마가 조심스럽게 말을 꺼냈다.

"어쨌든 그것은 보통 사람들이 세우고 있는 삶의 목표랑은 다른 거 같아. 대부분의 사람들은 자신의 출세나 돈을 모으는 것에 인생의 목표를 두고 있지 않니? 그러나 그런 것에만 너무 집착하지 말고 좀 더 높은 차원의 정신적인 수양에 힘쓰자는 말이 아닐까?"

노마의 말이 끝나기도 전에 동민이가 나섰다.

"그렇지만 정신적인 인격 수양만이 꼭 높은 차원의 삶의 목표라고는 할 수 없어. 사람들마다 각자 자신의 삶에 대한 목표가 다르잖아."

"내 말은 모든 사람들이 같은 목표를 가지고 살아야 한다는 것은 아니야. 단지, 너무 물질적인 이익에만 얽매여서 살아가다 보면 정말로 중요한 것이 무엇인지를 모른다는 거지."

"나도 노마의 말에 전적으로 동감해. 요즘은 문명의 발달로 인해 물질은 풍요하지만 사람들의 정신은 점점 메말라 가고 있다고 하지 않니? 돈을 위해서는 나쁜 짓도 서슴지 않고 저지르잖아. 그런 사람들 모두가 인격 수양이 되지 않아서 그런 거 아닐까?"

나리의 말에 아이들은 고개를 끄덕거렸다. 잠시 교실 안에는 침묵이 감돌았다.

그때 동민이가 투덜거리듯이 다시 말을 꺼냈다.

"그렇지만 인격 수양이라는 것이 하루아침에 되는 것은 아니잖아.

그게 어디 쉬운 일이니?"

"물론이지. 그렇지만 쉽지 않은 일이라고 해서 노력까지 안 하는 것은 잘못된 것이 아닐까?"

노마는 한 치도 물러서지 않고 동민이의 말을 받았다.

"하긴 꼭 어려운 일만은 아닐지도 몰라. 마음먹기에 달렸겠지."

교실 뒤쪽에서 누군가 한숨을 쉬면서 이렇게 중얼거리는 소리가 들렸다.

"마음먹은 대로만 일이 척척 해결된다면 무슨 걱정이니? 누군들 마음을 비우고 편안하게 살고 싶지 않은 사람이 어디 있냐고."

그 소리에 나리도 솔직하게 말했다.

"그건 그래. 사실 나부터도 작은 이익에 눈이 멀어서 친구들과 다툰 적이 한두 번이 아니거든."

노마는 머쓱한 표정을 지으며 아이들을 돌아보았다.

그때까지 조용히 아이들의 얘기를 듣고 있던 선생님이 교실 앞으로 걸어 나왔다.

"자, 오늘은 여기까지만 하도록 하자. 지금까지 죽 너희들의 토론을 지켜보았는데, 아주 잘했다. 선생님이 없어도 되겠어. 앞으로 이 『채근담』을 꾸준히 읽고 궁금한 부분을 가지고 대화와 토론을 벌여가다 보면 큰 성과가 있을 것으로 믿는다. 너무 조급하게 하루에 모든 것을 해결하려고 하지 말고 차근차근 이야기해 나가도록 하렴. 오늘 토론은 아주 훌륭했다."

선생님 말씀이 끝나자 노마가 나서서 마무리를 했다.

"자, 앞으로 이 『채근담』 선생님께 잘 보이길 바랍니다. 여러분을 모두 환상적인 『채근담』의 세계로 모시겠습니다."

노마는 어깨를 으쓱하며 우쭐한 표정을 지었고, 그 순간 교실 안은 웃음바다가 되었다.

4월 10일 목요일 날씨: 맑음

　나만의 친구였던 『채근담』을 우리 반 아이들에게 들켜 버렸다. 한편으로는 섭섭하기도 하지만 친구들과의 토론에서 얻은 것이 아주 많아 기분이 좋았다. 그리고 내가 우리 반 『채근담』 선생님이 된 것은 아무리 생각해도 신나는 일이다. 비록 어깨가 무겁긴 하지만.

　따지고 보면 크게 부담스러운 일도 아니다. 『채근담』을 읽으면서 궁금한 것을 가지고 함께 토론하는 것뿐이니까. 오늘처럼 친구들과의 토론을 통해 나의 궁금증이 하나하나 풀리고, 좀 더 자세히 이해할 수 있게 된다면 『채근담』과 더 친해질 수도 있을 것이다. 그리고 그냥 책만 읽고 지나쳤을지도 모르는 나에게 실천의 용기를 갖게 해 준 것도 우리 반 친구들이다. 특히 동민이와 나리는 내가 미처 생각지 못한 부분을 지적해 주어서 토론의 활력소가 된 것 같다.

　이렇게 좋은 책을 나 혼자만 알고 있는 것보다는 많은 사람들에게 알리는 게 훨씬 잘한 일이라는 생각을 했다. 하루하루 꾸준히 읽고 토론해서 그것을 꼭 생활 속에서 실천해야겠다. 물론 우리 반 친구들 모두 그렇게 해야겠지?

마음을 밝혀 주는 거울 『명심보감』

할아버지의 비단 보자기

"학교 다녀왔습니다."

현관문을 들어서던 노마는 코를 벌름거렸다. 집 안에 온통 고소한 냄새가 퍼져 있었다. 부엌에서는 엄마가 음식을 만드느라 눈코 뜰 새 없이 바빴다.

"엄마, 오늘 무슨 날이에요? 누가 오시나요?"

노마는 궁금한 표정으로 물어보았다.

"오늘 할아버지께서 서울에 올라오시잖아."

그제야 노마는 기억이 났다. 며칠 전에 서울에 올라오신다는 할아버지 전화를 받고도 그만 깜빡 잊어버리고 있었다.

"엄마, 할아버지는 며칠 동안 서울에 계시는 거예요?"
"한 사나흘쯤 계실 것 같구나. 안방을 내드리기로 했다. 엄마와 아빠는 그동안 네 방을 쓰고, 너는 할아버지와 함께 지내야 하는데, 행여 버릇없이 굴면 안 된다."
"네, 알겠어요."
노마는 어려서부터 할아버지를 유난히 잘 따랐다. 그래서 방학 때면 어김없이 할아버지 댁에 내려가 며칠씩 지내다 오곤 했다. 노마는 할아버지를 밭으로 논으로 그림자처럼 졸졸 따라다녔다. 할아버지도 그런 노마를 무척이나 귀여워해 주었다.

딩동딩동.
어둠이 서서히 깔릴 무렵, 초인종 소리가 났다.
"누구세요? 할아버지세요?"
"그래, 아빠다. 할아버지 모시고 왔다."
노마가 얼른 달려가서 문을 열었다.
"할아버지, 안녕하세요?"
"오, 우리 노마 키가 많이 컸구나."
할아버지는 노마의 머리를 쓰다듬으며 반가워하셨다.
저녁을 먹고 노마네 식구들은 오랜만에 할아버지와 함께 밤늦도록 이야기꽃을 피웠다.
이튿날 아침, 노마는 다른 날보다 일찍 눈이 떠졌다. 잠자리가 바뀌어서 그런 모양이었다. 자리에서 일어나려던 노마는 깜짝 놀라 숨을 멈추었다.

할아버지가 창문을 향해 돌부처처럼 꼼짝 않고 앉아 계시는 게 아닌가. 마치 벽을 보면서 도를 닦는 것처럼 보였다.

할아버지는 금방 잠에서 깨어난 옷차림이 아니었다. 이미 세수를 하고 단정하게 옷을 갖추어 입은 모습이었다.

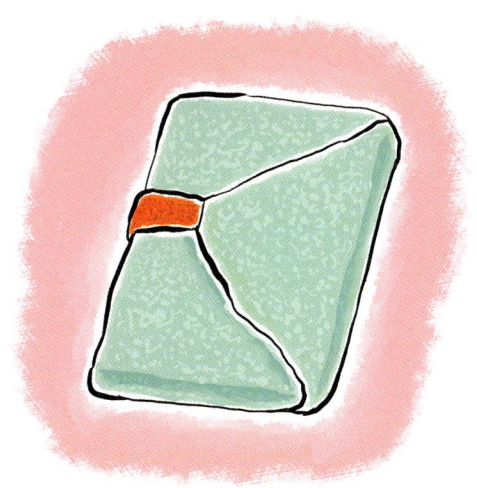

창문으로 들어온 희뿌연 아침 햇살이 할아버지를 비추고 있고, 할아버지 옆에는 비단 보자기와 상자가 놓여져 있었다.

'몇 시간씩 차를 타고 오시느라 고단하셨을 텐데 이렇게 이른 시간에 뭘 하시는 걸까?'

노마는 몹시 궁금했지만, 할아버지를 방해해서는 안 될 것 같은 생각이 들었다.

가만 보니 할아버지는 책을 보고 있었다. 이따금 책장을 넘기거나, 고개를 끄덕거리기도 하고 무언가 골똘히 생각에 잠기기도 했다.

'도대체 무슨 책이기에, 이른 아침부터 일어나셔서 읽으시는 걸까? 아마 서울까지 가지고 오신 걸 보면 분명히 아주 중요하고 귀한 책이 틀림없어.'

노마는 궁금해서 견딜 수가 없었다.

얼마나 지났을까? 할아버지가 노마의 부스럭거리는 소리를 들었는지 뒤돌아보았다.

"벌써 일어났구나?"

"네…… 그런데 할아버지 지금 뭐하시는 거예요?"

노마는 조금 머뭇거리며 물었다.

"책을 읽고 있지.『명심보감』이란다."

"명, 심, 보, 감, 이라고요? 그게 무슨 책인데요?"

할아버지는 잠자코 읽던 책을 덮었다 그러고는 옆에 놓아 둔 비단 보자기에 싸고 다시 상자에 정성스레 넣었다. 그 모습이 마치 값진 보물을 다루는 듯이 보였다.

이때 엄마가 방문을 두드리며 말했다.

"노마야, 어서 아침 먹고 학교 가야지."

"에이, 엄마는 하필 이럴 때 부르실 게 뭐람."

노마는 투덜거리며 일어섰다. 할아버지에게 물어보고 싶은 것이 많았지만 어쩔 수 없이 학교 갈 준비를 해야만 했다.

그날 오후 학교에서 돌아온 노마는 할아버지부터 찾았다.

"할아버지, 오늘 나들이 즐거우셨어요?"

할아버지는 오늘 볼일도 보고, 시간이 남아 오랜만에 서울 시내 구경을 했다고 했다.

"이런 답답한 공기 속에서 사는 것 보면 다들 용하지. 이것저것 생각할 게 많더구나. 노마 너는 오늘 공부 열심히 했니?"

그런데 이상하게도 할아버지 얼굴이 어둡고 피곤해 보였다.

할아버지는 일찌감치 자리를 펴고 누웠다.

"엄마, 할아버지께 무슨 안 좋은 일 있었어요? 얼굴빛이 안 좋아 보이시네요."

걱정스러운 마음으로 노마가 물었다.

"시내에 일 보러 나가셔서 언짢은 모습을 보신 모양이야. 사람들이 새치기를 하고 길거리에 쓰레기나 버리고. 거기다가 노인에 대한 공경심이 눈곱만큼도 없다며 노여워하시더구나."

사실 노마는 할아버지에게 비단 보자기에 싼 책 이야기를 물어보고 싶었다. 하지만, 할아버지의 심기가 불편해 감히 물어볼 엄두도 나지 않았다.

다음 날 아침에도 할아버지는 어제와 똑같은 자세로 책을 읽고 계셨다. 마치 한 글자 한 글자의 의미를 가슴에 새기려는 듯 사뭇 엄숙한 모습이었다.

사흘째 되는 날, 할아버지는 그만 내려가겠다고 했다. 식구들이 모두 좀 더 계시다 가시라고 붙들었지만 할아버지는 볼일을 마쳤으니 한사코 내려가겠다고 말씀하셨다.

노마는 할아버지를 역까지 모셔다 드리기로 했다. 엄마가 따라나서는 걸 노마가 우겨서 할아버지 배웅은 노마의 몫이 되었다.

"그럼, 역까지 잘 모셔다 드리고 와야 한다. 차 조심하고."

엄마는 아무래도 마음이 놓이지 않는 듯 노마에게 몇 번씩 다짐을 받았다.

"걱정 마세요. 할아버지 배웅 잘하고 올게요."

노마는 제법 어른스럽게 말했다.

엄마가 큰길까지 나와서 택시를 잡아 주었다.

마음을 밝혀 주는 보배로운 거울

택시 안에서 노마는 드디어 궁금해하던 이야기를 꺼냈다.

"할아버지. 저, 여쭤볼 게 하나 있어요."

"그래? 뭔지 말해 보렴."

"할아버지께서 아침마다 읽으시던 책 말인데요."

"『명심보감』 말이냐?"

"네, 맞아요. 『명심보감』요. 그 책을 비단 보자기에 싸서 보관할 만큼 애지중지하시는 이유가 뭐예요?"

할아버지는 한참 동안 잠자코 계시더니 말씀하셨다.

"그 책은 내 할아버지, 그러니까 너의 고조할아버지께서 주신 책이란다."

"그럼 옛날 책이겠네요?"

"그래, 단순히 옛날 책이 아니라 이 할애비에겐 천금과도 바꿀 수 없는 소중한 책이지."

"그렇게 귀한 책이에요?"

"『명심보감』에는 어느 부분을 보더라도 값진 말들이 실려 있단다. 특히 책에 실려 있는 명언들은 반드시 우리들이 생활신조로 삼아야 할 것들이지. 제목 그대로 마음을 밝혀 주는 보배로운 거울과 같은 책이야."

"그런데 할아버지, 요즘같이 복잡하고 빠르게 변화하는 시대에 그런 옛날 책이 무슨 도움이 될까요?"

할아버지는 노마의 말에 허허 하고 웃었다.

"왜 웃으세요?"

"옛날 생각이 나서 그런다. 네 고조할아버지가 이 책을 내게 주셨을 때, 나도 지금의 너처럼 말했단다. 책을 받고 한참이 지나도록 거들떠보지도 않았지.

그러다가 나이를 먹을 대로 먹은 후에야 뒤늦게 이 책의 진가를 알게 되었어. 어느 날 우연히 책을 뒤적거리다가 문득 마음을 울리는 한 구절을 발견했단다."

"그게 어떤 말인데요?"

노마는 흥미진진한 표정으로 물었다.

"착한 일이 작다 해서 이를 행하지 않으면 안 되고, 악한 일이 작다고 해서 이를 행하여서는 안 되느니라. 이 말은 그 무렵 마음을 잡지 못하던 내게는 한 줄기 빛과 같은 것이었단다. 유혹에 한창 흔들리고 있을 때여서 특히 더 그랬을 것이다."

할아버지의 눈빛이 가늘게 떨리고 있었다.

"이 할애비가 네 나이만할 때부터 이 책을 읽었더라면 얼마나 좋았겠니? 지금도 그 생각을 하면 몹시 후회가 된단다."

"아, 그런 사연이 있었군요."

"실은 너에게 이 책 얘기를 하려고 했던 건 아니란다. 너 역시 고리타분한 옛날 책이라고 할 게 틀림없으니까. 그런데 뜻밖에 네가 이 책에 대해 궁금해하고, 또 서울에 와서 너무나 한심한 모습들을 보고 나니 마음이 바뀌었다."

할아버지는 다시 숙연한 목소리로 말씀을 이어 나갔다.

"참된 인간으로 살아가기 힘든 세상에서, 우리 노마에게만은 사람다운 사람이 되는 비밀을 전해 줘야겠다는 생각이 들더구나. 네 고조할아버지가 이 책을 내게 물려준 것처럼 너에게 이 『명심보감』이라는 책을 소개해 주는 것이 이 할애비의 의무라는 생각이 들기도 했고."

"할아버지, 그런데 그 책은 한자가 많아서 무척 어렵겠죠?"

"한자를 몰라도 누구든지 쉽게 읽을 수 있도록 풀어 놓았단다. 그리고 넌 이 할애비가 있는데 뭐가 걱정이냐. 내가 직접 너에게 가르쳐 주마."

"그러면, 이번 여름 방학 때 내려가면 본격적으로 가르쳐 주시겠어요?"

"아무렴, 여부가 있겠냐."

이런저런 이야기를 나누다 보니 어느새 차는 역에 도착했다.

"할아버지, 안녕히 가세요."

"그래, 너도 잘 지내라."

"여름 방학 때 꼭 『명심보감』 가르쳐 주셔야 해요."

"오냐."

할아버지는 손을 흔들며 기차에 올랐다.

노마는 아침 햇빛을 받으며 『명심보감』을 읽던 할아버지의 모습이 오래도록 눈앞에 아른거렸다.

떠나기 전에 할아버지가 들려주던 말씀이 떠올랐다.

'우리는 겉모습을 꾸미는 데에는 많은 신경을 쓰지만 내면을 아름답게 가꾸는 데에는 노력을 게을리 한단다. 현대 사회가 비도덕적이고 어지러운 세상으로 변해 가는 것도 이러한 데에서 그 원인을 찾을 수 있지.'

노마 역시 마찬가지였다. 좋은 옷을 보면 사 달라고 조르면서도 마음을 바르게 닦는 것에 대해서는 신경을 쓰지 않았다. 아주 중요한 일인데 말이다.

노마는 할아버지와 함께 『명심보감』을 공부하기로 한 여름 방학이 무척 기다려졌다. 기분좋게 휘파람을 불며 집으로 향하는 노마의 발걸음이 날아갈 듯했다.

목마를 때 물을 보듯 행하는 선

손꼽아 기다리던 여름 방학이 되자마자 노마는 시골 할아버지 댁에 내려갔다.

『명심보감』 공부는 바로 그 다음 날부터 시작되었다.

손때가 묻은 비단 보자기를 열고 『명심보감』을 꺼내는 할아버지의 손끝이 떨리는 걸 노마는 말없이 지켜보았다.

"자, 맨 첫 장을 읽어 보아라."

할아버지 말씀에 『명심보감』을 펼치자 가슴이 마구 두근거렸다.

노마는 크게 심호흡을 하고 책에 적힌 글을 읽어 나가기 시작했다.

"공자께서 말씀하시길 착한 일을 하는 사람에게는 하늘이 복으로써 갚고, 악한 일을 하는 사람에게는 하늘이 재앙으로써 갚는다."

할아버지의 설명이 바로 이어졌다.

"선한 행실은 선한 마음에서 나오고, 악한 행실은 악한 마음에서 나온다. 노마야, 선한 행실을 하려면 어떻게 해야 되겠니?"

"먼저 마음부터 선하게 갈고 닦아야 되겠지요."

"그래, 사람은 누구나 자신의 마음을 가꾸기 위해 일생을 산다고 해도 과언이 아니지. 사람의 마음은 그만큼 가꾸기가 어려운 법이라는 말이야. 그러나 자기가 노력만 한다면 누구나 온전한 마음을 지닐 수 있는 것이란다."

노마는 이 말을 듣고 열심히 노력하여 자신의 마음을 꾸준히 가꾸고 항상 착하게 살아야겠다고 마음먹었다.

"설사 어떤 사람이 악한 마음과 악한 행실로 일시적인 부귀를 누린다 하더라도, 그 부귀는 절대로 오래 가지 못하는 법이란다. 이것이 하늘의 이치요, 자연의 법칙이지."

노마가 고개를 갸우뚱하자 할아버지가 물었다.

"왜? 이 말이 이해가 안 되느냐?"

"『명심보감』의 첫머리에 착한 사람은 복을 받고, 악한 사람은 벌을 받는다고 나오잖아요? 그런데 우리가 사는 이 세상에는 그렇지 않은 경우도 있다고 생각해요. 악한 일을 하고도 버젓이 잘사는 사람도 있고, 착한 사람들이 오히려 어렵게 살기도 하고요."

"맞다. 예전에 이 할애비도 노마 너와 똑같은 고민을 했었지."

"그런 경우를 보면 정말 착하게 살아야 옳은 것일까 하는 갈등이 생길 때도 있어요."

"물론, 세상에는 어지럽고 이해할 수 없는 일이 많지. 그렇지만 노마야, 진실은 결코 외면당하지 않는단다. 한순간 진실이 패배하고 고난을 당하는 것처럼 보여도 최후에는 결국 진실이 승리하게 되지. 이것은 이 할애비가 지금까지 살아오면서 깨달은 삶의 섭리란다."

노마는 할아버지의 얼굴을 빤히 들여다보며 고개를 끄덕였다.

"자, 이번에는 이 할애비가 읽어 보마. 한(漢)나라의 소열 황제가 임종할 때에 그의 아들에게 조칙을 내려 말씀하셨다. 착한 일이 작다 해서 이를 행하지 않으면 안 되고, 악한 일이 작다고 해서 이를 행하여서는 안 되느니라."

"할아버지, 이 말은 얼마 전에 서울 오셨을 때 제게 들려주신 말씀이에요. 작은 선이 쌓이면 큰 선이 되고, 작은 악이 쌓이면 큰 악이 된다는 말이지요?"

"그렇지, 노마가 정확하게 뜻을 헤아리는구나."

노마는 할아버지의 칭찬에 우쭐해서 한마디 덧붙였다.

"사소한 것들이라고 절대로 무시해서는 안 될 거 같아요."

"그럼. 모든 큰일들도 처음에는 다 사소한 일에서부터 시작되게 마련이야. 우리는 아침에 눈을 뜨면서부터 다시 저녁에 잠자리에 들 때까지 수많은 행동을 하고 있지. 따지고 보면 대개가 사소한 일인지도 모른다. 그러나 이 사소한 행동들이 모두 선에서 벗어나지 않도록 하는 것이 결국 자기 인생을 닦는 길이란다."

"하루의 일상생활에서부터 선을 실천해 나가는 것이 중요하다는 말씀이시죠?"

"암, 그렇다마다. 길거리에 휴지나 담배꽁초를 버리지 않는 것도 선한 일이요, 차 안에서 어른들께 자리를 양보하는 것도 선한 일이란다."

"할아버지, 그러면 어른들께 인사를 공손히 하는 것도 선한 일이요, 이웃과 다정하게 지내는 것도 선한 일이고, 친구의 잘못을 충고해 주는 것도 선한 일이겠네요?"

"그것뿐이냐? 수도나 전기를 아껴 쓰는 것도 선한 일이고, 교통법규나 공중도덕을 지키는 것도 선한 일이지."

할아버지의 말씀을 들으며 노마는 선을 행하는 것이 아주 거창하고 대단한 것만은 아니라는 걸 알았다.

"자, 이번에는 네 차례다. 그 다음 부분을 읽어 보렴."

"장자가 이렇게 말했다. 하루라도 착한 일을 생각하지 않는다면 모든 악함이 다 스스로 일어난다."

"노마야, 사람의 마음이 밭이라면 선한 생각은 곡식이요, 악한 생각은 잡초라고 할 수 있단다. 곡식을 잘 가꾸어 좋은 수확을 거두려면 어떻게 해야 되겠니?"

"잡초가 돋아나는 대로 뽑아 버려야 되겠지요."

"맞아. 원래 사람의 마음은 그 사람의 생각을 먹고 산단다. 마음이 방이라면 생각은 그 방의 주인이지. 그런데 착한 생각과 악한 생각은 사이가 좋지 않아서 같은 방에서 함께 살지 못하는 법이거든. 그러므로 우리는 항상 착한 생각만을 귀한 손님처럼 마음에 모시도록 노력해야 된다는 얘기야."

"만일 조금이라도 마음을 놓아 악한 생각에 사로잡히면, 악의 잡초들이 마음을 차지하고 뿌리를 내리겠네요."

노마는 잡초들이 어지럽게 자라 온통 엉망이 되어 버린 꽃밭을 떠올렸다.

"그렇지! 우리 노마는 역시 슬기롭구나. 이번에는 내가 읽으마. 흠흠."
할아버지는 목청을 가다듬고 읽기 시작했다.

"태공이 이렇게 말했다. 착한 일을 보거든 목마른 것같이 하고, 악한 일을 듣거든 귀머거리같이 하라. 또 이렇게 말했다. 착한 일은 모름지기 탐내고, 악한 일은 즐거워하지 마라."

이번에도 노마가 이 구절에 대한 제 생각을 말했다.
"착한 일을 눈앞에 보거든, 마치 목마를 때 물을 본 것처럼 서둘러 하고, 악한 말이 들려오거든 귀머거리처럼 못 들은 체하란 말씀이군요. 그리고 착한 일은 얼마든지 탐내어 많이 하고, 악한 일은 조금도 즐겨서는 안 된다는 말씀이죠?"
"세상에는 남의 칭찬은 별로 하지 않으면서, 남의 안된 사정이나 실수는 신바람이 나서 떠들고 다니는 사람들이 많지. 우리는 이런 말들은 귀를 막고 듣지 말아야 한단다. 그런 말에 귀를 기울이다 보면 자신도 모르는 사이에 그런 행동을 하게 마련이야."
"하긴, 칭찬은 전혀 안 하고 남 헐뜯는 것만 좋아하는 사람들도 꽤 있는 것 같아요."
"그러니 어렵더라도 다른 사람의 잘못한 얘기는 조금도 입 밖에 내지 말고, 오직 남에 대해 좋은 얘기만을 사람들에게 하도록 노력해야 한단다. 물론 착한 일은 눈앞에 나타나는 대로 서둘러 실행하면서 말이다."

그러자 노마가 씩 웃으며 이렇게 말했다.

"그렇지만 성인군자나 그렇게 할 수 있지, 저 같은 보통 사람들에겐 너무 버거운 일 아닐까요? 그리고 세상에서 가장 재미있는 말은 남을 뒤에서 헐뜯는 말이라던데요."

"허허, 요 녀석이 할애비를 놀리려 드는구나. 자, 다음은 누구 차례더라?"

"제가 읽을 차례예요, 할아버지."

노마는 책을 앞으로 끌어당기며 다음 구절을 읽어 나갔다.

"마원이 이렇게 말했다. 평생 동안 선을 행하여도 선함은 오히려 부족하고, 하루 동안 악을 행하여도 악함은 스스로 남음이 있다."

노마가 책에서 눈을 떼기도 전에 할아버지의 설명이 이어졌다.

"이 말은 설사 일생 동안 꾸준히 많은 선을 행할지라도, 그래도 오히려 선은 부족하게 마련이라는 뜻이다. 그리고 평생 동안 선을 행했더라도, 단 하루라도 악을 행하면 그 악함은 언제까지나 남아 있어 우리의 마음을 후회에 잠기게 한다는 말이지."

"그러니까 백 번 잘 하다가도 한 번 잘못하면 백 번 잘한 행동이 일시에 우르르 무너진단 말씀이죠? 하지만 자기의 악한 행동을 진심으로 반성하고 뉘우친다면 새로 시작할 수 있지 않을까요?"

할아버지는 노마의 말에 미소를 지었다. 한 번 말해 주면 그 뜻을 척척 알아듣고 다음 생각을 이끌어 내는 노마가 신통한 거 같았다.

할아버지와 배우는 노마도 『명심보감』의 내용이 쉽게 이해되는 것이 재미있었다.

"물론 그렇단다. 그러나 가장 좋은 것은 자기 자신의 마음을 잘 수양해서 미리 악의 늪에 빠지지 않도록 하는 것이지."

"그리고 보면, 사람으로 태어나 선하게 살아간다는 것은 그렇게 어려운 일은 아니지만, 그렇다고 결코 쉬운 일은 아닌 듯하네요. 무진장 노력해야 되겠네요."

"그래. 『명심보감』에 나오는 값진 명언들을 늘 마음에 새기며 살아가다 보면 선한 행동은 저절로 따라오는 법이란다. 잘 알겠니?"

"네, 명심하겠습니다."

"자, 그럼 오늘은 이 정도로 해 두자. 『명심보감』을 처음 배운 소감이 어떠냐?"

"아주 좋았어요. 특히 착함이 작다 하여 아니하지 말고, 악함이 작다 하여 하지 말라는 말씀은 가슴 깊이 간직하고 싶어요. 앞으로 더 배우게 될 『명심보감』의 내용이 궁금하고 기다려져요."

할아버지의 설명을 들으며 공부하다 보니 『명심보감』의 내용이 귀에 쏙쏙 들어와 박히는 것 같았다. 노마는 이렇게 쉽고 재미있는 책을 왜 이제껏 몰랐나 싶어 안타깝기 그지 없었다.

그리고 할아버지가 왜 『명심보감』을 비단 보자기에 싸서 소중하게 보관하시는지 그 이유를 어렴풋이 알 수 있을 것 같았다.

"노마야, 우리 머리도 식힐 겸 뒷산에 올라갔다 올까?"

"네, 할아버지!"

산이라면 그저 좋아하는 노마는 냉큼 일어나서 할아버지 뒤를 따랐다.

7월 28일 월요일 날씨: 아주 맑음

　드디어 신나는 여름방학이 시작됐다. 내가 여름방학을 손꼽아 기다렸던 이유는 시골에 갈 수 있기 때문이다. 할아버지와 함께 『명심보감』을 공부하기로 약속했었다.
　"갑자기 『명심보감』 공부를 한다고? 노마 네가?"
　"그런 옛날 책을 읽으러 나랑 놀지도 않고 시골에 바로 내려간다고?"
　내가 『명심보감』 공부를 하러 간다고 했을 때 주변에서는 다들 믿을 수 없다는 반응이었다. 나도 이런 내가 신기하긴 하다.
　동민이와 놀 수 없는 것이 아쉬워서 같이 내려가자고 했더니 동민이는 두 손을 막 휘저으면서 싫다고 했다. 그렇게 싫은가? 아마 동민이는 아침 햇살을 받으며 『명심보감』을 읽으셨던 우리 할아버지의 모습을 보지 못해서 그럴 것이다. 어찌나 멋있으시던지!
　아무튼 그렇게 할아버지와 나의 『명심보감』 공부는 시작되었다. 할아버지와 내가 번갈아 한 구절씩 읽고 서로의 생각을 이야기해 보았다. 할아버지는 내 생각을 차근차근 들어주시며 잘 이해한다고 칭찬해 주셨다. 할아버지와 함께 하니까 공부가 정말 재미있었다. 수학이나 영어도 할아버지가 가르쳐 주시면 좋을 텐데…….
　역시 『명심보감』은 간결하고 삶의 목표가 될 명언들로 가득 찬 책이다. 난 그동안 착한 일을 한다고 하면 거창한 것부터 생각했다. 돈을 많이 벌어서 '불우이웃돕기'에 성금을 많이 낸다든지, 물에 빠진 사람을 구해 준다든지 하는 일만 생각했다. 하지만 오늘 『명심보감』을 읽으면서 선을 실행한다는 것은 거창한 일이 아니라 주변의 작은 일에서부터도 시작할 수 있다는 사실을 깨달았다. 버스를 탈 때 차례를 지키는 것도, 길거리에 쓰레기를 버리지 않는 것도, 전깃불을 바로 꺼서 전기를 아껴 쓰는 것도 모두 착한 일이었다.

오늘 배운 대목 중에 이런 말이 있다.

'하루라도 착한 일을 생각하지 않는다면 모든 악함이 다 스스로 일어난다.'

사실 매일매일 착한 일을 해야겠다고 결심하는 것은 어렵지만 매일 작은 착한 일이라도 찾아서 하는 것은 괜찮을 것 같다. 사실 이미 하고 있는 것도 많으니까. 아빠 구두를 닦거나, 엄마 어깨를 주물러 드리거나, 기오에게 짜증내지 않도록 노력해야겠다.

앞으로 한 달 동안 할아버지 댁에 머물며 『명심보감』을 배울 예정이다. 그 생각만 하면 절로 가슴이 벅차오른다. 여름방학이 끝날 때쯤이면 나도 멋지게 『명심보감』을 읽을 수 있겠지.

3. 동양의 정신적 기둥인 사서

중국의 관리 등용 시험인 과거에 공식 과목으로 지정되었던 4권의 고대 유가 경전입니다. 『대학』, 『논어』, 『맹자』, 『중용』은 중국의 학생들에게 유학을 처음 가르치는 데 주로 사용되었으며, 사서를 배운 뒤에는 더 광범위하고 어렵다고 알려진 오경을 배웠습니다.

공부하는 사람의 마음가짐 『대학』

아버지의 선물

"엄마, 현기 형 왔어요!"

기오가 현관문을 열더니 호들갑스럽게 소리쳤다.

"현기가?"

엄마와 아빠는 반가워하며 얼른 뛰어나왔다.

"현기 왔구나."

아빠는 현기의 인사를 받으며 활짝 웃었다.

"현기야, 축하한다. 이번에 수능 모의고사에서 전체 1등을 했다면서?"

"뭘요……."

현기는 쑥스러운지 얼굴을 붉혔다. 현기는 노마의 사촌 형인데, 대학 입시를 몇 달 앞두고 있었다. 오늘은 근처에 볼일이 있어 왔다가 노마네 집에 잠깐 들른 것이다.

"형, 좋겠다. 내년에 대학에 들어가면 이제 지겨운 공부에서 해방되는 거잖아."

기오는 부럽다는 듯 현기를 바라보았다.

"형, 대학 가면 미팅 같은 것도 할 거지?"

"아니야."

"아니긴? 대학 가면 다들 멋있어지고 여자 친구도 많이 사귀던데."

노마도 조금은 샘이 나는 말투로 말했다.

"정말이야. 나는 대학에 가면 더욱 열심히 공부해서 훌륭한 과학자가 될 거야."

현기는 단호하게 말했다.

"그래, 현기는 아주 바람직한 생각을 갖고 있구나. 요즘에는 대학에 들어가면 공부하지 않아도 되는 것처럼 말하는데 말이다. 하지만 과학 공부가 전부는 아니란다. 다른 학문도 배우고 여러 친구들을 사귀며 폭넓은 지식을 가져야지."

아빠는 이렇게 말씀하시며 책장에서 책을 한 권 꺼냈다.

"너 오면 주려고 책 한 권을 골라 놨단다."

아빠가 들고 있는 책 표지에는 굵직한 글씨로 한자가 씌어 있었다. 노마는 무슨 책인지 궁금하여 얼른 책 제목을 읽었다.

"대학? 대학생들이 읽는 책인가요?"

노마가 고개를 갸우뚱하며 물었다.

그러자 아빠가 노마의 머리에 꿀밤을 한 대 먹였다.

"아야! 아빠, 왜 그러세요?"

아빠는 노마의 말엔 대꾸도 않고 현기에게 물었다.

"넌 이 책 이름은 들어 봤겠지?"

"네. 학교에서 조금……."

현기는 떨떠름한 표정으로 말끝을 얼버무렸다.

"아빠, 누가 쓴 책인데요?"

기오가 책을 앞뒤로 살펴보면서 물어보았다.

"누가 이 책을 썼는지는 정확히 알 수 없어."

이번에는 엄마가 이야기에 끼어들며 말씀하셨다.

"네? 그런 책도 있나요?"

기오는 지은이가 확실하지 않은 책을 처음 본다는 듯이 눈을 동그랗게 떴다.

"이 책을 누가 썼는지는 정확히 알 수 없지만, 옛사람들이 학문하는 방법에 대해 공자님이 말씀하신 것을 제자인 증자라는 분과 증자의 제자들이 함께 풀이해 놓은 책이라는구나."

"아, 그러니까 공자님 말씀을 제자들이 연구해서 적어 놓은 것이군요. 근데, 공자님보다 훨씬 전에 살던 사람들도 공부를 했나요?"

노마는 아주 먼 옛날 사람들은 어떻게 공부를 했을까 상상이 되지 않았다. 교과서도 없고, 사전은 물론 인터넷도 없었을 게 분명한데 말이다.

"물론이야. 아주 먼 옛날에도 많은 학교가 있었고, 왕을 비롯해서 일반 백성들 모두가 배움에 힘썼단다."

"그럼 그땐 몇 살이 돼야 학교에 들어갔나요?"

기오가 호기심에 눈을 반짝거리며 물었다.

"우선 『호삭』이란 책을 통해 집 안을 청소하는 방법과 말하고 대답하는 법, 앉고 서는 방법인 예절과 음악, 활쏘기, 말 타는 법 등 생활하는 데 필요한 간단한 것들을 배우지. 그리고 이어서 『소학』을 끝낸 뒤에 사물의 이치를 연구하고 마음을 바로잡으며, 사람을 다스리는 도리 등을 밝힌 『대학』을 배우게 된단다."

"아, 알겠다. 그 『대학』이

바로 이 책이군요."

현기가 책을 만지작거리며 말했다.

"그렇지. 『대학』에는 사물의 이치를 연구하고 사람을 다스리는 도리에 대한 내용이 담겨 있단다."

"훌륭한 책이네요. 어디 한번 볼까?"

현기는 조심스레 책을 펼치고 첫 장을 넘겼다.

"형, 뭐라고 씌어 있어? 어서 읽어 봐."

노마가 궁금하다는 듯 현기를 채근했다.

현기는 헛기침을 하고는 책을 읽기 시작했다.

"『대학』의 도는 '명덕(明德)'을 밝히는 데 있으며, 백성을 새롭게 하는 데 있으며, '지선(至善)'에 다다름에 있다."

"도대체 무슨 말인지 한마디도 못 알아듣겠어요."

노마와 기오는 고개를 절레절레 흔들었다.

"지금 현기가 읽은 부분은 책의 맨 첫머리인데 여기에 이 책의 중심이 있단다. 즉, 『대학』에서는 명덕을 밝히고 백성을 새롭게 하고 착하게 하는 것, 이 세 가지를 중요시한다는 얘기지."

아빠가 알기 쉽게 풀이해 주었다.

"명덕이라면 밝은 덕이라는 뜻이에요?"

"백성을 새롭게 하고 착하게 한다고?"

아이들은 통 모르겠다는 듯 이마를 찡그렸다.

"하긴, 너희들에겐 좀 어려운 말이겠구나. 내가 차근차근 설명해 줄 테니 잘 들어 보렴."

아빠는 이렇게 말씀하시고는 목소리를 가다듬었다.

"먼저 '명덕(明德)'이란 밝고 빛나는 덕이란 말인데, 이는 사람이 태어날 때 하늘로부터 받은 것이란다. 이것은 모든 사물의 이치를 다 갖추고 있기 때문에 사람이 어떤 일에 부딪혀도 바르게 행동할 수 있게 해 주지."

"그렇다면 따로 배우지 않아도 바르게 살 수 있다는 말씀인가요?"

여전히 고개를 갸웃거리며 노마가 아빠에게 물었다.

"그렇지. 배우지 않아도 우리에게는 불행한 사람을 보면 불쌍히 여기는 마음과 옳고 그름을 알 수 있는 능력이 있단다. 우리 안에 어질고 의롭고 예의 바르고 지혜로운 마음이 없다면 이런 것들은 어찌 알 수 있겠니?"

"그럼 공자님은 우리 마음에 있는 그 어질고 의롭고 예의 바르고 지혜로운 것이 바로 하늘이 우리에게 원래부터 내려 준 밝은 덕이라고 생각하셨나요?"

"맞아. 우리가 마음속에 갖춘 밝은 덕이 바로 하늘의 이치요, 그 이치로 말미암아 우리는 주위에서 일어나는 온갖 일에 대처해 나갈 수 있는 거란다."

"어, 하지만 모든 사람이 밝은 덕을 갖추고 있다면 왜 도둑이 있고 나쁜 일이 끊임없이 일어나는 거예요?"

기오가 앞뒤가 맞지 않다는 듯이 질문을 던졌다.

"그래. 기오 말대로 우리 주위에는 범죄가 무척 많이 일어나고 있지. 그 이유가 뭐라고 생각하니?"

그러자 노마가 얼른 대답했다.
"그건 바로 사람들에게 밝은 덕이 있다는 말이 틀렸다는 증거 아니에요?"
"그렇게 생각할 수도 있겠지. 하지만 사람 마음에 있던 밝은 덕이 본래 모습대로 있지 못하고 때가 끼었기 때문에 많은 잘못을 저지르고 있는 게 아닐까?"
"마음에 때가 낀다고요?"
"마음에 때가 낀다는 것은 바로 욕심이 생긴다는 얘기야. 하지만 우리의 밝은 덕은 욕심에 가려져 있어도 결코 그 빛을 잃지는 않는단다. 마치 보석이 진흙에 묻혀 있어도 본래의 빛을 잃지 않는 것처럼 말이다. 그리고 보석의 빛이 완전히 사라진 것이 아니기 때문에 언젠가는 반드시 그 빛을 나타내 보여 주지. 그 작은 빛을 실마리로 해서 자꾸 따라가다 보면 결국 보석을 발견할 수 있듯이, 우리도 욕심에 가려진 작은 빛줄기를 따라가다 보면 밝은 덕에 이르게 되지."

노마와 기오는 아빠의 말을 듣고 보니 그럴 듯하다고 생각했다.
"하지만 어떻게 해야 밝은 덕을 밝힐 수 있을까요?"
"우리 마음에 본래부터 갖추어져 있는 밝은 덕을 찾는 것, 이것이 바로 조상들이 『대학』을 배운 이유란다."
"그러니까 학문을 닦는 것이야말로 곧 밝은 덕을 밝히는 길이라고 할 수 있겠네요?"
현기도 말뜻을 알아들었다는 듯이 한마디 보탰다.
그러자 노마가 다시 물었다.
"그럼 백성을 새롭게 한다는 것은 무슨 뜻이에요?"
"예로부터 자신이 서고자 하면 남도 세워야 한다는 말이 있단다. 이 말처럼 학문을 열심히 닦아 명덕을 밝힌 사람이 있다고 하자. 그럼 그 사람은 자기 혼자만 즐거워해야 할까?"
"아뇨. 그 빛을 함께 나누어 가지면 더 좋을 거예요."
"그래. 밝은 덕을 밝힌 사람은 자기 혼자만 알고 만족해할 것이 아니라, 아직 깨우치지 못해 어둠 속에서 헤매고 있는 많은 사람들의 어둠을 없애 주어야겠지. 이것이 바로 백성을 새롭게 한다는 말이란다."

"와, 참 멋진 말이에요. 애써 얻은 깨달음을 다른 사람과 함께 나눈다니 말이에요."

현기가 굉장한 진리를 발견한 것처럼 말했다. 그러고는 마음에 새겨 두려는 듯이 가만히 중얼거렸다.

"학문을 한다는 것은 자기의 몸과 마음을 닦아 덕을 빛나게 해서 다른 많은 사람을 위해 그 빛을 나누어 주는 거란 말이지."

그때 노마가 아빠에게 물어보았다.

"마지막으로 지극히 착하게 한다는 것은 무슨 뜻이에요?"

"지극히 착하게 한다는 것은 곧, 먼저 자신의 밝은 덕을 밝히고, 백성을 깨우쳐 주며, 착한 세상이 될 때까지 계속한다는 뜻이란다."

그러자 엄마가 책을 뒤적이더니, 한 대목을 읽으며 설명해 주었다.

"여기 보렴. 임금이 되어서는 백성의 마음을 갖고, 자식이 되어서는 부모에게 효도를 하고, 부모는 자식을 사랑으로 대하고, 사람과 사귀는 데는 믿음으로 해야 된다는 말이 씌어 있지. 이것이 바로 깨달음을 얻은 사람이 하는 행동 원칙이란다."

"좋은 말씀이긴 하지만 너무 어려워요! 이렇게 어려운 책을 어떻게 읽지?"

기오는 심드렁한 얼굴로 엄두가 안 난다는 듯 말했다.

"한 단계 높은 공부를 한다는 것은 이처럼 어려운 거야. 단순히 지식을 얻는 공부는 쉬울지 모르지만, 진정으로 공부를 하기 위한 마음가짐이 어떠해야 한다는 것을 보여 주는 학문은 더욱 정성을 들여야지."
아빠의 말이 끝나자 노마는 천천히 생각을 정리해 나갔다.
"공부하는 사람의 마음가짐과 자세라……."

공부하는 사람의 마음가짐

"이왕 시작한 김에 다음 장도 한번 읽어 볼까?"
"좋아요!"
현기도 기꺼이 찬성했다.
"이번엔 내가 읽을 테야."
기오가 얼른 책을 집어 들고 읽어 나가기 시작했다.
"머무를 데를 안 뒤에야 멈춤이 있고, 멈춘 다음에야 마음이 흔들리지 않고, 마음이 흔들리지 않아야 안정되고, 안정된 뒤에야 생각할 수 있고, 생각한 뒤에야 얻을 수 있다."
기오는 책을 탁 소리나게 내려놓으며 한숨을 내쉬었다.
"도무지 무슨 소린지 통 못 알아듣겠네. 아휴! 옛날 책들은 왜 이렇게 어려운 거야?"
그러자 아빠가 빙긋 웃으며 말씀하셨다.
"방금 기오가 읽은 대목은 학문하는 자세를 거듭 밝혀 주고 있지. 지나치지도 모자라지도 않게 머무를 수 있는 곳을 찾는 것이 바로 우리가 배우는 이유란다. 머무름을 알아야 마음이 흔들리지 않고 자신이 한 행동이 옳은지 그른지 판단할 수 있고, 그 결과 지극히 착함에 도달하게 되는 거야."
"기오야, 더 읽어 봐."
노마가 재촉했다.
기오는 다시 책을 펼치고 또박또박 읽어 내려갔다.
"사물에는 본질(근원적인 것)과 현상(주변적인 것)이 있어서, 먼저 하고 나중에 할 바를 알면 도에 가까워진다."
"근원적인 것은 뭐고 주변적인 것은 뭐지?"
기오는 갈수록 모르는 소리만 나오자 답답한 듯 중얼거렸다.
"아까 이야기한 것처럼 자신의 밝은 덕을 밝혀 사물의 이치를 깨닫는 것이 근원적이고 먼저 해야 할 일이라는 뜻이란다."
"그럼 그 다음에 해야 할 일은요?"
"물론 남을 깨우치는 것이지."
"그렇다면 남을 깨우치는 것보다 자신의 밝은 덕을 밝히는 것이 더 중요하다는 건가요?"
"아니지. 둘 다 중요하지. 모든 일에는 순서가 있기 때문에 먼저 할 일과 나중에 할 일이 있다는 거야. 중요하기 때문에 먼저 하는 것은 아니란다."
아빠의 설명은 물 흐르듯이 막힘이 없었다.
"아빠, 저도 이제부터 열심히 공부할래요."
기오가 책을 덮으며 제법 어른스럽게 말했다.
"네 입에서 그런 소리가 나오는 걸 보니, 정말 느낀 게 많은 모양이구나."

기오는 결코 빈말이 아니라는 듯 어깨를 으쓱했다.

"공부를 열심히 해서 아주 훌륭한 대통령이 돼 가지고 우리나라를 세계 제일의 나라로 만들 거야."

"너 참 꿈도 야무지다! 근데, 대통령이 되기 위해서 뭘 어떻게 공부할 건데?"

노마가 따지듯 묻자 기오는 슬그머니 입을 다물었다.

아빠는 잠자코 다시 책을 펴더니 한 구절을 읽어 주었다.

"다들 잘 들어 봐라. 특히 기오 너는 귀담아들어야 해. 온 천하를 다스리고자 하는 사람은 먼저 그 나라를 다스리고, 그 나라를 다스리고자 하는 사람은 먼저 그 집을 화평하게 하고, 그 집을 화평하게 하고자 하는 사람은 먼저 그 몸을 닦고, 그 몸을 닦고자 하는 사람은 먼저 그 마음을 바르게 하고, 그 마음을 바르게 하고자 하는 사람은 그 뜻을 정성스럽게 하고, 그 뜻을 정성스럽게 하고자 하는 사람은 그 앎에 이르러야 하고, 앎에 이르고자 하면 사물의 이치를 궁리해야 한다."

"와, 길기도 엄청 길다."

"그러게 말이야. 저걸 어떻게 다 외우고 실천한단 말이야."

노마와 기오는 입을 떡 벌리고 고개를 흔들었다.

"걱정 마. 이런 순서로 외우면 돼. 먼저 앎 - 마음 - 몸 - 집 - 나라 - 온 세상, 이렇게 말이야."

현기는 역시 우등생다웠다. 어느 틈에 자기 방식으로 그 순서를 익히고 있었다.

기오는 그때까지도 감을 잡지 못해 눈을 깜박거렸다.
"다시 한 번 설명해 주마. 천하(온 세상)를 다스리려는 사람은 각각의 나라를 먼저 잘 다스려야겠지? 그리고 나라를 잘 다스리려는 사람은 나라의 근본인 가정을 또 잘 다스려야겠지? 그럼 가정의 근본은 누구니?"
"가족들이요."
"그래. 가족 구성원 모두가 몸을 닦고 옳은 덕을 실천해야 그 가정이 잘 되겠지. 그런데 몸을 움직이는 것은 마음이니 마음을 바로잡아야 몸을 잘 다스릴 수 있고, 올바로 알아야 진실한 마음이 생기는 것이지."
"그러니까 천하를 다스리는 큰일도 작은 일에서부터 차근차근 시작해야 한다는 뜻이군요."
노마가 어렴풋이 이해가 간다는 듯 고개를 주억거렸다.
"좀 더 자세히 말하면 근본부터 탄탄히 해야 큰일을 할 수 있다는 뜻이야. 천하를 다스리는 근본은 제대로 아는 것에 있단다."
"제대로 안다는 게 뭐죠? 아주 많은 지식을 가졌다는 말인가요?"
"단순히 2 더하기 3은 5다, 세계에서 제일 높은 산은 에베레스트다, 이런 종류의 지식을 말하는 것은 아니란다. 사물의 이치를 하나하나 잘 파악한다는 것이지."
그러자 현기가 궁금하다는 듯 질문을 했다.
"그렇다면 그 사물의 이치라는 것은 어떻게 알 수 있나요?"
"사물의 이치란 성인들이 말씀하신 것처럼, 사물에 대해서 깊이 있게 관찰하고, 동시에 자신의 마음을 바로잡는 가운데 터득되는 거란다. 천하에 널려 있는 만물의 이치는 모두 우리 마음속에 들어 있지. 즉, 마음 밖에서는 자연을 잘 관찰해야 하고, 마음 안에서는 마음을 순수하고 바르게 써야 비로소 알 수 있게 된다는 얘기야."

"아, 그래서 옛사람들은 『대학』을 통해서 사물의 이치를 연구하고, 마음을 바로잡고, 몸을 닦고, 사람을 다스리는 도리를 배웠다고 하셨군요."

현기가 거침없이 술술 말하는 걸 보고 노마는 속으로 감탄을 했다.

"그래. 현기가 제대로 알아들었구나."

아빠는 현기를 칭찬해 주었다.

"아빠, 그런데 왜 아까 저보고 이 구절을 잘 귀담아들으라고 하셨어요?"

기오가 묻자 노마는 다짜고짜 기오에게 핀잔을 주었다.

"아휴, 도대체 아빠가 설명할 때 뭘 들은 거니? 너 아까 대통령이 되고 싶다고 했잖아."

"그래."

"하지만 무턱대고 나섰다가는 너 자신은 물론 많은 사람들이 불행해진다고. 마음의 수양을 쌓아 자기를 먼저 다스리고 나서야 천하를 옳게 다스릴 수 있다는 걸 명심하라는 얘기야."

노마는 짐짓 무게를 잡으며 기오에게 말했.

아빠는 노마의 말이 끝나자 한마디 덧붙였다.

"요즘 아이들은 무슨 일을 하더라도 우선 큰일부터 시작하려 하지.

또 성급히 행동하기도 하고 말이다. 하지만 어떤 큰일이든 나와 내 주변에 대한 정리가 되어 있지 않을 때는 좋은 성과를 기대할 수 없다는 말을 기오에게 해 주고 싶었단다."
"그러니 기오 너, 이제부터 형 말 잘 들어. 그래야 대통령 된다."
노마가 기오에게 짐짓 으름장을 놓았다.
현기는 기오와 노마를 번갈아 쳐다보며 슬며시 미소를 지었다. 그러더니 책을 집어 들었다. 그 책을 선물받은 뜻을 비로소 이해한 모양이었다.
노마에게는 참 특별한 날이었다. 배운다는 것, 학문을 한다는 것의 의미와 학문하는 사람의 마음가짐과 자세, 그리고 방법에 대한 많은 것들을 깨닫게 되었으니까.

9월 30일 일요일 날씨: 맑음

　오늘 현기 형이 집에 다녀갔다. 우리 식구들은 수능 모의고사에서 전교 1등을 한 현기 형을 축하해 주었다. 특히 아빠는 형에게 주려고 『대학』이라는 책까지 준비해 놓으셨다.

　『대학』, 나는 처음 보는 책이었다. 하지만 공자님 말씀을 설명해 놓은 책이라는 얘기를 듣고 보니 어쩐지 친근한 느낌이 들었다.

　이 책에는 그동안 우리가 소홀하게 여겨 왔던 중요한 내용들이 담겨 있었다.

　마음의 이치인 밝은 덕을 밝히고, 백성을 새롭게 하며, 지극히 착함에 머무르게 하는 데에 바로 『대학』의 참뜻이 있다는 구절로 시작되는 이 책에는 학문하는 사람의 마음가짐과 자세, 그리고 인격을 닦고 주변부터 정리함으로써 천하를 다스릴 수 있다는 학문의 순서, 방법 등이 적혀 있었다.

　옛사람들은 『소학』이라는 책을 배우고 나서 이 책을 배웠다고 한다. 요즘처럼 지식만을 배우는 우리에게 학문의 참뜻과 의미를 가르쳐 주고, 진정한 학문의 시작은 바로 자기의 인격 수양에 있음을 일러 준 이 책에게, 아니 아빠께, 감사의 인사를 드리고 싶다.

　아무튼 현기 형이 몇 달 남지 않은 고등학교 생활을 보람 있고 뜻 깊게 보내고 원하는 대학에도 합격했으면 좋겠다.

어진 사람이 되는 길, 『논어』

일요일의 다락 정리

오늘은 일요일!

노마는 이불 속에서 뭉그적거리며 일요일 오전의 느긋함을 즐기고 있었다. 그러나 이런 즐거움도 잠시였다. 방문이 벌컥 열리더니 어서 일어나라는 엄마의 명령이 떨어졌다.

노마는 얼른 이불을 뒤집어썼다.

"에이, 오늘 일요일인데 조금만 더 자면 안 돼요?"

"안 돼. 오늘은 무슨 일이 있어도 다락 정리를 해야 한다. 냉큼 일어나!"

엄마의 성화에 못 이겨 노마는 잔뜩 미련이 남은 얼굴로 이불 속을

빠져나왔다.

"엄마, 갑자기 다락 정리는 왜 해요?"

아침을 먹으며 기오가 물었다.

"응, 몇 년째 내버려 두었더니 다락 안이 아주 엉망이 되었더구나."

"아휴, 그 넓은 다락을 다 치우려면 하루가 꼬박 걸리겠다."

"그래서 일찍 서두르는 거야."

노마네 식구는 아침을 먹은 후 모두 다락에 모였다.

"쓸모 있는 것은 이 상자에 넣고 버릴 것은 저쪽에 모아 놔."

엄마는 총사령관답게 일일이 지시를 했다. 식구들은 엄마가 시키는 대로 다락 정리를 하기 시작했다.

"형, 이것 좀 봐."

갑자기 기오가 노마의 옷자락을 잡아당기며 말했다.

기오가 가리키는 상자 안에는 뿌옇게 먼지가 앉은 책들이 가득 들어 있었다.

"와, 이건 『안데르센 동화집』이야! '성냥팔이 소녀'도 있고, '인어 공주', '미운 오리 새끼'도 있어."

기오는 책을 들춰 보며 신바람이 났다.

"'플랜더스의 개'랑 '알프스 소녀 하이디'도 있네."

노마는 골라 낸 책들의 먼지를 툭툭 털며 말했다.

"우리, 읽을 만한 책은 골라서 가지고 내려가자."

"좋아."

두 아이는 재미있을 만한 책을 고르기 시작했다.

"형, 이 책은?"

기오가 누렇게 바랜 책을 들어 보이며 물었다.

"어디 보자. 무슨 책인데 한글보다 한자가 더 많아? 이렇게 재미없는 걸 누가 읽니? 저기다 버리자."

노마는 쓰레기 더미에 책을 던져 버렸다.

"자, 이제 대충 정리가 된 것 같으니 그만 내려가자."

아빠가 손을 털며 말씀하셨다.

노마와 기오는 각자 읽을 책을 한 아름 안고 내려왔다.

"여보, 이 책도 버려요?"

그때 엄마가 쓰레기를 치우며 소리쳤다.

"무슨 책인데?"

엄마는 대답 대신 책을 가지고 내려왔다.

사람에 대한 사랑을 가르치는 『논어』

잠시 후에 아빠가 아이들을 불러 놓고 물었다.

"너희들 이 책이 어떤 책인지 아니?"

"중요한 책인가요? 저희는 재미없을 것 같아서……."

노마가 뒤통수를 긁적이며 말했다.

"그럼, 아주 귀중한 책이지. 노마, 넌 『논어』에 대해서 한 번도 들어 본 적이 없니?"

"논어요?"

노마와 기오는 고개를 갸우뚱하며 서로를 마주 보았다. 둘 다 처음 듣는 이름이었다.

그러자 엄마가 『논어』에 대해 설명해 주었다. 아마 오래 전에 읽은 모양이었다.

"『논어』는 공자님과 제자들이 서로 나눈 대화나 제자들이 가졌던 여러 가지 궁금증, 그리고 공자님이 하신 말씀 등을 모아 정리해 놓은 책이야."

"그런 옛날 책이 왜 중요하죠? 재미도 없고 고리타분하잖아요."

노마가 말했다.

"네. 저는 그런 책보다는 이 동화책들이 더 좋아요. 무서운 용을 물리치고 공주를 구하는 용감한 왕자님 이야기는 너무 멋있어요!"

기오는 화려한 그림이 그려진 동화책을 펴 보였다.

"요즘은 너나 할 것 없이 모두 서양 문화에 푹 빠져 있다니까요."

엄마가 이마를 찡그리며 말했다.

"그게 뭐 나쁜가요?"

기오가 뾰로통해져서 물었다.

"무조건 나쁘다는 것은 아니야. 서양 문화도 좋은 것들은 얼마든지 받아들여야겠지. 하지만 그전에 우리 것을 먼저 알아야 하지 않겠니? 우리 조상들이 지녔던 생각과 지혜, 지켜 왔던 예절 같은 것들 말이다."

"하지만 꼭 『논어』를 읽어야 그런 것을 알게 되나요?"

"『논어』는 우리 조상님들이 예로부터 인생의 길잡이로 여겼던 책이야. 조상님들은 『논어』에 나오는 좋은 말씀대로 생활하고 마음을 닦았단다. 그래서 『논어』의 정신은 예부터 지금까지 우리의 마음에 이어져 내려온 것이지."

기오는 여전히 불만스러운 얼굴로 대꾸했다.

"글쎄, 잘 모르겠어요. 『논어』가 정말 저희들 마음속에 있는지 말이에요."

"만약에 너희들이 말도 없이 늦게 들어오면 할머니께서 항상 뭐라고 말씀하시지?"

"밖에 나갈 때는 부모님께 반드시 가는 곳을 알리고 나가야 된다고 말씀하시죠."

노마와 기오는 생각할 것도 없이 즉시 대답이 튀어나왔다. 귀에 못이 박힐 정도로 들어 온 말이었으니까.

"바로 그것도 『논어』에 나오는 가르침이란다."

그러자 노마와 기오의 눈이 동그래졌다.

'그게 『논어』에 나온다고? 정말 『논어』가 우리도 모르게 우리 마음속에 있었다는 말일까?'

노마는 그 사실이 신기하기만 했다.

"그뿐 아니지. 부모님께 효도하는 법이라든지 친구를 사귈 때 성실하게 대하는 법, 말보다는 실천이 중요하다든지 사람의 도리가 무엇인지 등, 너희가 숱하게 들어 온 좋은 가르침들이 바로 『논어』에 담겨 있는 가르침이란다."

아빠는 책장을 하나하나 펼쳐 보이며 말씀하셨다.

"『논어』의 내용은 사람에 대한 사랑이 가장 큰 중심을 이루고 있단

다. 한 번은 번지라는 제자가 공자님께 어진 사람이 되는 길을 여쭈어 보았더니 바로 인간을 사랑하라고 하셨단다. 요즘처럼 인간을 상품처럼 여기는 세상에서 인간을 가장 귀하게 여기는 가르침이 『논어』 속에 들어 있지."

"아빠, 여기에 이런 말이 씌어 있어요. '하루는 마구간에 불이 났는데, 공자님이 지나가시며 다친 사람이 없느냐고 물으셨을 뿐, 말에 대해서는 묻지 않았다'라고요."

노마가 『논어』를 뒤적거리다 한 구절을 발견하고는 소리 내어 읽었다.

"또 『논어』에는 실천에 대한 말도 있는데, 머릿속에 좋은 생각이 많아도 실천하지 못하거나 말만 앞세우는 사람의 어리석음에 대한 가르침도 들어 있단다."

"그럼 기오는 이 책을 꼭 읽어야겠네요."

노마가 히죽 웃으며 말했다.

"그리고 여기 사람을 대할 때는 지위의 높고 낮음을 가리지 않고, 귀한 손님을 대하듯이 누구에게나 공손해야 한다는 말도 나와 있어요."

"그래. 너희도 친구를 대할 때 그처럼 공손하니?"

"아니오. 나리나 동민이는 너무 편한 친구라 말을 함부로 해도 잘 받아 주거든요."

노마가 겸연쩍은 얼굴로 기오를 돌아보았다.

"형도 이 책 읽어야 되겠네, 뭐."

이번에는 기오가 기회를 놓칠세라 공격을 했다.

"알았어. 그런데 아빠, 이 책을 보면 좋은 말은 모두 들어 있는데 정말 그 말을 실천에 옮길 수 있을까요? 말은 쉽지만 사실 지키기는 어렵거든요. 공자님께서 지키지 못할 말씀만 적어 놓은 건 아닐까요?"

노마가 궁금하다는 듯 아빠에게 물었다.

"얘들아, 『논어』의 가르침이 훌륭한 이유는 바로 우리 스스로 노력해서 얻을 수 있는 가르침이기 때문이란다."

"공자님은 태어날 때부터 성인이 아니셨다는 건 알아요. 열다섯 살에 학문에 뜻을 두었고 일흔 살이 되어서야 도를 완성하셨다고 들었어요."

그러자 아빠는 나긋나긋한 목소리로 말씀하셨다.

"공자님께서 줄기찬 노력을 통해 실천으로 보여 주신 것을 우리라고 왜 못 하겠니?"

"아빠가 왜 이 책이 중요하다고 하셨는지 알겠어요. 말로만 들어도 금방 책의 내용이 마음에 와 닿는 것 같아요."

"전 이런 걸 느꼈어요."

기오도 질세라 끼어들며 말했다.

"공자님 말씀은 꼭 미래를 내다보고 하신 것 같아요. 지금처럼 무서운 세상에 꼭 맞는 말씀을 하셨으니까요. 인간을 사랑하고 신의를 중요하게 여기고……."

"듣고 보니 그렇네."

노마는 기오가 잘 보았다는 생각이 들었다.

"공자님께서 이런 말씀을 하신 건 그 당시가 무척이나 어려운 시대였기 때문이지. 끊임없이 전쟁이 일어나고, 사람들은 서로를 믿지 못하고, 질서가 무너지고…… 어떻게 보면 지금 우리가 살고 있는 시대와 비슷한 면이 많지."

이렇게 말하는 아빠의 얼굴이 잠시 어두워졌다.

"그렇다면 『논어』의 말씀은 다른 어떤 책보다도 오늘날에 훌륭한 가르침이 될 수 있겠네요."

"그럼. 너희들도 지금부터 한번 제대로 읽어 보렴. 그리고 나서 정말 훌륭한 가르침이 어떤 것인지 나중에 이야기해 주겠니?"

엄마가 미소를 지으며 말씀하셨다.

"네!"

두 아이는 큰 소리로 힘차게 대답했다. 노마는 이런 귀중한 책을 하마터면 쓰레기통에 버릴 뻔했다는 반성을 하며 책장을 조심스럽게 넘겼다.

10월 7일 화요일 날씨: 맑음

　오늘은 하루 종일 온 식구들이 다락을 정리하는 일에 매달렸다. 사실 무척 피곤했지만 늦게까지 잠을 잘 수가 없었다. 왜냐하면 다락 정리를 하다가 발견한 『논어』를 읽느라 시간 가는 줄을 몰랐기 때문이다.

　이 책을 읽으면서 많은 반성을 했다. 그동안 나는 외국의 동화책이나 이야기만 좋아했지, 옛날 우리 조상 때부터 정신의 길잡이가 되어 왔던 책들에 대해서는 너무 무관심했기 때문이다. 그래서 기오와 나는 『논어』 책을 버릴 뻔한 부끄러운 일을 저지르고 말았다. 하지만 반성하는 뜻으로 밤늦도록 『논어』를 읽어야겠다고 결심했다.

　『논어』를 읽다 보니 할아버지나 할머니께 듣던 말씀과 비슷한 구절들을 많이 발견했다. 아마 할아버지도 훈장님이나 어른들께 가르침을 받았기 때문일 것이다.

　할머니께 자주 듣던 효도나 우애에 대한 이야기, 할아버지께서 강조하시던 말조심에 대한 것과 말을 하면 꼭 지켜야 하는 이유, 혹은 조심스럽게 행동하고 예절을 잘 지켜야 하는 이유 등이 자세하게 나와 있었다.

　듣고 보니 요즘처럼 험한 세상에 정말 수양의 길잡이로 삼을 만한 가르침이었다. 또한 누구나 실천할 수 있는 가르침이라는 점이 마음에 들었다. 그렇게 생각하니 이 책이 결코 멀게 느껴지지 않았다.

　내일 학교에 가면 나리와 동민이에게도 보여 주어야겠다.

호연지기를 가르치는 『맹자』

『맹자』는 어떤 책일까?

노마는 볕이 환한 마루에 앉아서 만들기 숙제를 하고 있었다. 한낮이라 가을 햇살이 제법 따가웠다.

"나무가 왜 이렇게 단단하지? 도무지 잘리질 않네."

노마는 투덜거리며 서툰 손놀림으로 톱질을 계속했다.

"삼촌, 이것 좀 도와주세요!"

"……"

노마가 옆에 앉아 있는 삼촌을 큰 소리로 불렀지만 삼촌은 아무 대답이 없었다.

"삼촌, 이 나무 좀 잘라 주세요."

노마는 더욱 소리를 높여 삼촌을 불렀다.
"어, 어? 왜, 노마야?"
"어휴, 몇 번이나 불렀는데 들은 척도 안 하세요?"
노마는 울상이 되어 말했다.

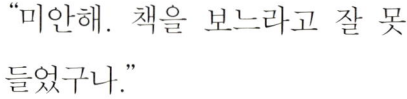

"미안해. 책을 보느라고 잘 못 들었구나."
삼촌은 읽던 책을 내려놓더니 노마를 보고 미안하다는 듯 씩 웃었다.
"무슨 책인데요? 보나마나 삼촌이 좋아하는 무협 소설이죠?"
"어허! 삼촌을 어떻게 보고 하는 소리야? 이래 봬도 이 책은 동양의 고전인 사서(四書) 중 『맹자』라는 책이라고."
"사서가 뭔데요?"
노마는 톱질을 멈추고 삼촌을 보며 물었다.
"사서란 오랫동안 동양의 정신적 기둥이 되어 온 네 가지 책으로 『대학』, 『중용』, 『논어』, 『맹자』를 말하는 거야."
"그럼 삼촌이 읽는 『맹자』는 맹자님이 쓰신 책이겠네요?"
"맹자님의 말씀과 사상이 들어 있는 것은 맞지

만, 대부분 제자나 다른 사상가들이 맹자님의 말씀을 정리하여 기록했단다."
"근데, 삼촌이 그 어려운 한문을 다 읽을 수 있어요?"
"이건 요즘 사람들이 쉽게 읽을 수 있도록 풀어 놓은 책이야. 원래는 한문으로 기록되었는데 모두 7편 260장으로 구성되어 있어."
"저도 맹자님이 왕도 정치나 성선설을 주장하신 것쯤은 알아요."
"그래? 이제 보니 우리 노마가 제법이구나!"
삼촌은 눈을 동그랗게 뜨고 노마를 보았다.
"그런데 삼촌, 모든 책들은 씌어질 때 특별한 목적을 갖고 있잖아요. 예를 들어 교과서는 학교에서 공부하기 위한 것이고, 동화책은 우리에게 감동을 주고 교훈을 주려는 게 목적이잖아요."
"물론이지."
"그렇다면 『맹자』라는 책은 어떤 목적을 가지고 씌어진 책인가요?"
노마의 말에 삼촌은 잠시 생각하더니 입을 열었다.
"맹자님이 사시던 시대는 유교 외에도 도교나 묵자의 사상 등이 서로 다투고 있던 때였단다. 맹자님은 유교를 옹호하시면서 공자의 사상을 이어받아 계승, 발전시킨 분이지. 『맹자』는 그런 시대에 유교에 근거를 두고 바른 도리와 실천의 길을 밝혀 주려고 한 책이라고 할 수 있지."
"그 당시 사람들은 의무적으로 모두 『맹자』를 배워야 했나요?"
"꼭 그런 건 아니야. 『맹자』는 정치에 뜻을 둔 사람들이 읽어야 할 필수 교양서로 여겨져 온 책이란다."

"도대체 어떤 내용이 담겨 있기에 반드시 읽어야 할 교양서로 인정을 받았지요?"

노마는 호기심이 가득 찬 얼굴로 삼촌이 보던 책을 기웃거렸다.

"그럼 내가 조금 얘기해 줄까?"

"네, 좋아요."

노마는 아예 톱을 내던지고는 삼촌 옆으로 바싹 다가앉았다.

"자, 그럼 맨 처음을 한번 읽어 보자."

삼촌은 책의 첫머리를 펼쳐 들고 읽어 나갔다.

맹자가 양나라의 혜왕을 만났을 때

어느 날 혜왕이 맹자에게 말했다.

"노인장께서 천리를 멀다 않고 찾아오셨는데 우리나라에 어떤 이익을 주시렵니까?"

그러자 맹자가 대답했다.

"왕께서는 하필이면 왜 이익을 말씀하십니까? 오직 '인(仁)'과 '의(義)'가 있을 뿐입니다. 왕께서 '어떻게 하면 내 나라에 이로울까?' 하시면, 관리들은 '어떻게 하면 내 집에 이로울까?' 하며, 백성들은 또 '어떻게 하면 내 한 몸 이로울까?' 하고 서로의 이익만 찾게 될 것입니다. 어진 사람은 어버이를 버리는 법은 없고, 의로운 사람이 자기 임금을 가볍게 여기는 법이 없듯이 왕께서는 오직 '인'과 '의'를 좇으셔야 합니다."

맹자의 말에 혜왕은 그만 입을 다물었다.

노마는 잠시 생각하더니 이렇게 말했다.
"그러니까 맹자님은 한 나라의 왕으로서 어떤 이익을 바라기보다, 먼저 '인'과 '의'를 더 소중히 여기고 그것으로 나라를 다스려야 한다고 말씀하신 거군요."
"맞아. 또 이러한 '인의'에서 왕도 정치가 이루어질 수 있다고 여기셨지. 그래서 '왕도는 참으로 인의로 말미암아 이루어지고, 인의가 없는 왕도란 따로 없다'고 말씀하신 거야."
"저도 왕도 정치에 대해 들어 봤어요. '인의'로 백성을 사랑하고

131

'인의'로 나라를 다스려 백성을 따르게 한다는 것이잖아요."
삼촌은 대견스러운 눈길로 노마를 보더니 다시 말을 이어 나갔다.
"노마가 정확히 알고 있구나. 맹자님은 왕이 인자하면 인자하지 않은 신하가 없고, 왕이 의로우면 의롭지 않은 자가 없다고 하셨어. 즉, 나라를 '인의'로 이끌 때 모든 백성이 왕을 따르며 이상적인 정치가 이루어진다고 보신 거지."
"삼촌, 근데『맹자』에는 모두 정치에 관한 내용만 들어 있나요?"
"그렇지 않아. 사람이 살아가면서 지켜야 할 도리와 반드시 실천해야 하는 것이 무엇인지도 가르쳐 주고 있어. 그 가운데 하나가 바로 수양에 관한 거야."
"수양이라면 자기의 몸을 올바르게 닦고 훈련하는 거 아니에요?"
"그렇지.『맹자』는 인간은 자기 수양이 없어서는 안 된다고 강조하고 있어. 맹자님은 인간의 본성은 원래 착한데(善), 살면서 이익을 얻고자 서로 다투며 본성을 잃어 가고 있다고 하셨단다."
"하지만 사람의 본성이 원래 착하다면 어째서 서로 다투며 자기 이익을 찾으려 할까요?"
"그건 바로 물질에 대한 욕심 때문이지. 그래서 맹자님은 '인은 사람의 마음이요, 의는 사람이 걸어갈 길이다. 그 길을 버리고 따라가지 아니하고, 그 마음을 잃고도 다시 구할 줄 모르니 슬프구나!' 하면서 탄식하셨지."
"아, 그래서 자기 수양이 필요한 거군요. 인간이 다시 인과 의를 찾으려면 욕심을 절제할 수 있도록 수양을 해야 할 테니까요."

삼촌은 갑자기 노마를 빤히 들여다보았다.
"내 조카가 이렇게 똑똑한 줄 미처 몰랐는걸."
"에이, 삼촌! 그만 놀려요. 그 정도는 상식이라구요."
삼촌은 하하 웃더니 이야기를 계속했다.
"그럼 수양하는 방법에는 무엇이 있을까? 그 방법이 무척 많지만 그중에서도 부동심(不動心)에 대해서 한번 살펴보자."
"부동심이 무슨 말이에요?"
"'마음이 흔들리지 않는다'는 뜻이야. 『맹자』에 이런 글이 있어. '대장부는 예 아닌 예와 의 아닌 의를 하지 않는다' 즉, 세상에는 '예'와 '의'처럼 보이지만 사실은 '예'와 '의'가 아닌 것이 너무 많지. 대장부는 이것을 잘 가려내어 진정한 '예'와 '의'가 아니면 행하지 않는다는 뜻이야. 즉, '예'와 '의'가 아닌 것을 단호히 거절하여 행하지 않는 것은 수양에 꼭 필요하고, 또 수양이 없이는 불가능한 일이지."

"그러한 수양을 잘 쌓은 사람은 바로 대장부가 될 수 있다는 말이군요? 대장부 되기는 어려운 것 같아요."

"그렇지. 또 마음이 흔들리지 않는 부동심을 세우려면 호연지기를 길러야 해."

"호연지기요? 들어 본 말 같긴 한데?"

노마는 그 말을 어디서 들었더라 생각해 보았다.

"아! 생각났어요, 삼촌! 사람들이 산에 오르며 호연지기를 기른다는 말이 있잖아요."

삼촌은 고개를 끄덕끄덕하더니 말을 이어 나갔다.

"『맹자』에는 또 이런 얘기가 나온단다. 어느 날 제자가 '선생님, 무엇을 호연지기라고 합니까?'라고 묻자 맹자님은 이렇게 대답하셨대. '말로 설명하기가 어렵네. 그 기는 지극히 크고 굳센 것이니, 곧은 마음을 기르면 천지에 가득 차게 돼. 이것은 마음속의 의가 모여서 길러지는 것이지, 밖에서 저절로 생기는 것이 아닐세.'라고 말이야."

"그러니까 호연지기를 기르기 위해서는 의로운 일을 많이 해야 되겠네요."

"물론 그것도 호연지기를 기르는 한 방법이겠지."

"삼촌, 삼촌은 호연지기를 듬뿍 가진 대장부예요, 아니면……."
노마는 장난스럽게 삼촌을 보며 말했다.
"흠흠, 글쎄다. 네가 지금 삼촌에게 하고 싶은 말이 뭐니?"
삼촌은 헛기침을 하며 슬그머니 얼버무렸다.
"자, 이번에는 여기 마지막 부분을 한번 읽어 볼까? 노마 네가 직접 읽어 보렴."

세 번 이사한 맹자의 어머니

만장이 맹자에게 물었다.
"감히 물어보겠습니다. 제후가 예물을 보내어 교제할 것을 청해 올 때 그와 사귀는 것은 무슨 마음에서입니까?"
맹자가 대답했다.
"공경하기 위해서지."
"그럼 그런 예물을 받는 것은 불경스러운 게 아니라 그 사람을 공경하는 올바른 행동이란 말입니까?"
"물론이라네."
그러자 만장은 맹자에게 따져 물었다.
"제 생각에는 예물을 물리치는 것이 옳다고 여겨지는데, 맹자님은 왜 물리치는 것을 불경스럽다고 하시는지요?"
맹자는 이렇게 대답했다.
"존귀한 사람이 예물을 내려 주는데, 그것을 받는 것이 의로운가,

그렇지 못한가를 따져서 받는다면 불경스러운 일이 아니겠는가? 그러니 물리치지 않는 것일세."

삼촌의 설명이 바로 이어졌다.
"이 글은 사람과 교제를 할 때 갖추어야 할 예절을 말하고 있단다. 맹자님은 높은 사람이 주는 예물은 결코 거절하지 않는 것이 바로 윗사람을 공경하는 태도라고 생각하셨지."
"그럼 나쁜 짓을 해서 생긴 예물일지라도 덮어놓고 받는 것이 공경을 표시하는 예의란 말이에요?"
"맹자님은 윗사람이 내리는 선물을 이것이 혹시 백성들을 괴롭혀 뜯어낸 것이 아닐까 의심하는 것은 불경한 태도이며, 선물 자체를 거절하는 것은 남의 성의를 무시하는 것으로 예의가 아니라고 하셨어."

노마는 맹자의 생각에 찬성할 수가 없었다.
"하지만 아무리 윗사람이 보내 온 선물이라도 따져 보고 받는 것이 옳다고 생각해요. 삼촌이 뭘 주더라도 저는 분명히 따져 보고 받을 거라구요."
"하긴, 네 말이 맞을 것 같구나."

삼촌 역시 노마의 생각이 틀렸다고 단정하긴 어려운 모양이었다.

"그런데 궁금한 게 또 있어요. 맹자님의 어머니는 맹자님이 어렸을 때 세 번씩이나 이사를 다녔다고 하잖아요. 그렇게 이사를 다닌 이유가 뭐죠?"

"그래, '맹모삼천지교'라는 유명한 말이 있지. 맹자님은 어려서 일찍 아버지를 여의고 처음에는 묘지 근처에 살았어. 그런데 맹자님이 날마다 곡을 하거나 묘를 만들며 장사 지내는 흉내를 내더란다. 그래서 맹자님 어머니는 '이곳은 아이가 살 곳이 아니구나' 하고 시장으로 이사를 갔지."

"그럼 이젠 장사하는 것을 흉내 내며 놀았겠네요?"

"맞았어. 그래서 다시 학교 주변으로 이사를 갔단다. 거기서는 어땠을까?"

"음…… 글공부를 따라 했을 것 같아요."

"그렇지! 이 모습을 본 맹자님 어머니는 '이곳이야말로 정말 자식을 가르칠 만한 곳이구나' 하고 그곳에서 살게 된 거야. 넌 이 얘기를 들으면 무슨 생각이 드니?"

"맹자님 어머니의 교육에 대한 열의가 굉장했다는 생각이 들어요. 요즘도 어떤 사람들은 자식을 좋은 학교에 보내려고 일부러 이사를 한대요. 그것을 맹자님 어머니와 같은 경우라고 볼 수 있을지는 모르지만요."

"물론 자식을 가르치려는 열의도 알 수 있지만, '맹모삼천지교'는 환경이 인간에게 얼마나 큰 영향을 끼치는지를 알 수 있는 본보기지. 만약 맹자님이 계속 묘지 근처나 시장에서 살았다면 묘지기나 장사꾼이 되었을지도 모르잖니."

노마는 삼촌의 말에 이렇게 덧붙였다.

"물론 환경이 중요하지만, 전 자기가 노력만 한다면 얼마든지 어렵거나 나쁜 환경을 이겨 낼 수 있다고 생각해요."

노마는 삼촌과 모처럼 진지한 이야기를 나눈 것이 너무 기뻤다. 비록 만들기 숙제는 못 했지만 뜻밖에 좋은 책을 알게 되었고, 삼촌이 자기를 좀 더 어른스럽게 대해 준 것이 몹시 뿌듯하게 느껴졌다.

10월 26일 일요일 날씨: 맑음

오늘 난 『맹자』라는 책을 통해 맹자님과 한층 더 가깝게 만날 수 있었다. 모두 한문으로 되어 있다는 말에 그동안은 『맹자』를 읽어 볼 생각은 꿈도 꾸지 못했다. 하지만 오늘 삼촌과 함께 『맹자』에 대해 얘기를 나누어 보니 훌륭한 말씀을 많이 대할 수 있었다. 난 오후 내내 삼촌한테 빌린 한글로 쉽게 풀어 쓴 『맹자』를 읽었다.

우리는 흔히 동양의 고전에 대해 마치 낡은 유물을 보듯 별 흥미를 갖지 않는다. 하지만 『맹자』 같은 고전은 끊임없이 우리 마음의 양분을 채워 준다. 비록 시대가 바뀌어 지금과 맞지 않는 부분도 있지만 그 가르침은 우리의 노력으로 얼마든지 현실에 맞게 소화할 수 있다고 생각한다.

나라를 다스리는 지도자, 또 지도자를 돕는 관리들이 가져야 할 자세가 어떤 것인지 『맹자』는 가르쳐 주고 있다. 또 가족의 한 사람으로서 내가 어떻게 생활해야 하는지도 알려 주고 있다. 어쩜 『맹자』는 살아가는 동안 우리가 겪게 될 어려움과 궁금한 많은 것들에 대해 도움을 줄지도 모른다.

동양의 정신적 지주로 오랜 세월을 이어 내려온 고전을 멀리하면서 과연 보다 나은 새로운 내일을 얻을 수 있을까?

요즘에는 이런 동양 고전들을 읽을 기회가 많아지는 것 같다. 친구들은 고리타분한 책만 읽는다며 놀리지만 나는 재미있다.

동양 고전들을 통해서 신기하고 새로운 것들을 많이 배웠다. 동양 고전을 생각하며 읽다 보면 내 생각도 한층 깊어지는 것 같다. 왠지 어른이 된 느낌이다.

내 앞에 놓인 『맹자』를 펼쳐 보면서 '온고지신'이라는 말이 떠올랐다. '옛것을 공부함으로써 새로운 것을 안다'는 말이다. 어쩌면 맹자님이 지금 우리에게 하시고 싶은 말씀이실지도 모른다.

이런 말도 척척 떠올릴 수 있게 되다니! 역시 공부의 효과가 나타나는 것 같다.

넘치지도 모자라지도 않는 『중용』

중용이란 무엇일까?

"엄마, 이거 한 입만 먹으면 안 돼요?"

노마는 먹음직스러워 보이는 잡채를 보며 침을 삼켰다.

"조금만 참았다 내일 잔치 때 먹으렴."

엄마는 노마 앞에 놓여 있는 잡채 그릇을 선반에 올려놓았다.

"내일까지 어떻게 기다리지?"

노마는 빈 젓가락을 입에 물고는 엄마를 바라보았다. 내일은 노마 할머니 생신이다. 그래서 오늘 하루 종일 노마네 집은 음식 준비로 정신없이 바빴다. 노마와 기오까지도 부엌일을 도와야 했다. 마늘 까기, 콩나물 다듬기, 심부름하기 등등, 노마는 난생 처음으로 힘들게 일했다.

그런데도 기껏 장만한 음식을 먹어 보지도 못하고 침만 삼켜야 하니 뱃속에서 아우성이었다.

"음식이 모자랄까 봐 그래."

엄마는 노마가 안돼 보였던지 잡채를 조금 접시에 덜어 주었다. 노마는 잡채를 게 눈 감추듯 먹어 치웠다.

"형님, 국에 간장을 얼마나 넣을까요?"

그때 작은엄마가 엄마에게 큰 소리로 물었다.

"적당히 넣으면 되겠지, 뭐."

엄마는 돌아보지도 않고 건성으로 대답했다. 작은엄마는 고개를 갸우뚱하며 다시 물었다.

"적당히 얼마큼이요?"

"짜지도 않고 싱겁지도 않게 넣으면 돼."

엄마가 배추를 다듬느라 여념이 없자, 작은엄마는 하는 수 없다는 듯 국에 간장을 조심스럽게 부었다.

한참 뒤, 작은엄마는 국자를 들고 기어이 엄마에게 갔다.

"형님, 국 간 좀 봐 주세요."

"음, 아주 좋아. 적당히 넣으

니까 간이 딱 맞잖아."
"형님도 참."
작은엄마는 어이없다는 듯 빙긋이 웃고 말았다.
"삼촌, 적당히가 얼마큼이에요?"
그때 삼촌이 부엌으로 들어오자 노마가 쪼르르 달려가서 물었다.
"갑자기 무슨 뚱딴지 같은 소리를 하니?"
노마는 아까 부엌에서 있었던 일을 삼촌에게 들려주었다.
"그거야 엄마 말씀대로 짜지도 싱겁지도 않게 중간쯤에 간을 맞추는 것을 말하지."
"중간쯤이 적당하다는 말이라고요?"
기오가 삼촌의 말을 되뇌었다.
"그래. 이것을 사람의 행동으로 말하면 중용이라고 한단다."
"중용? 어디서 많이 들어 본 말인데……."
노마는 곰곰이 생각해 보았다.
"많은 사람들이 옛날부터 이 중용에 대해서 이야기했으니까 한번쯤은 들어 보았겠지."
"아, 이제 생각났어요. 중용이란 어떤 것의 딱 중간을 말하지요?"
노마는 대수롭지 않게 말했다.
"그럼 형, 이 나무젓가락의 반쯤 되는 여기가 중용이야?"
그때 기오가 슬그머니 두 사람의 얘기에 끼어들었다.
"중용이란 꼭 어떤 물건의 중간을 말하는 것은 아니란다."
삼촌이 자못 진지한 표정으로 말을 이어 나갔다.

"중용이란 말은 두 가지로 설명할 수 있는데, 먼저 기쁨과 노여움, 슬픔과 즐거움이 아직 행동으로 나타나지 않은 상태와, 이러한 마음이 행동으로 나타날 때 지나치지도 모자라지도 않게 정도에 어긋나지 않는 것을 말하지."

"삼촌, 제발 쉽게 설명해 주실 순 없나요? 슬픔이나 기쁨 등이 나타나지도 않았는데 어떻게 중용이라고 말할 수 있어요?"

"그래요. 마음이 행동으로 나타날 때 지나치지도 모자라지도 않게 한다는 말은 조금 이해가 가지만, 다른 건 뭐가 뭔지 잘 모르겠어요."

노마와 기오는 마치 아우성을 치듯 삼촌에게 말했다.

"그래. 사람들은 흔히 행동을 한쪽으로 치우치지 않게 하는 것을 중용이라고 생각하지. 하지만 이런 행동도 우리의 마음에서부터 시작되니 우리 마음이 바로 중용의 출발점이 되는 거란다. 생각해 보렴. 본래 사람의 마음은 아무 생각도 싹트지 않고 고요한 호수처럼 잔잔하니 어느 쪽으로도 치우치지 않을 수밖에 없잖니."

"아무것도 없으니 모자라지도 넘치지도 않겠네요."

"어, 우리 마음에 아무것도 없다니, 무슨 말이야?"

기오가 눈을 동그랗게 떴다.

"좀 더 구체적으로 말하면, 우리는 하늘로부터 모든 자연의 이치를 받고 태어난단다. 그러니 마음속에 자연의 이치가 들어 있다고 할 수 있지. 그 자연의 이치는 바로 하늘의 이치이니 순수하고 진실되고 더럽혀지지 않은 깨끗한 상태란다."

"그럼 본래 우리 마음은 그처럼 깨끗하다는 말이에요?"
"그렇지. 그 마음은 결코 욕심이나 사사로운 일에 동요되지 않고 한쪽으로 기우는 일도 없으니 옛 어른들이 바로 중용이라 부른 것이란다."
그제야 기오는 삼촌의 말뜻을 알 것 같았다. 그래서 이렇게 중얼거렸다.
"그러니까 마음속에 아무것도 없다는 뜻은 마음이 어지럽지 않은 아주 순수한 상태를 말하는 거군요. 하긴 그처럼 순수하니 지나치거나 모자라는 일도 없을 테죠."
"하지만 삼촌, 아무리 잔잔한 호수라도 돌을 던지면 물결이 일듯 고요한 마음에도 어떤 일을 당하면 감정이 생기잖아요."
노마가 다시 질문을 던졌다.
"맞아. 죽은 사람을 보면 슬프고 시험을 잘 보면 기분이 좋아."
기오도 한마디 거들고 나섰다.
"그래서 마음에서 생기는 여러 가지, 즉 즐겁고 기쁘고 슬프고 화나는 것들을 밖으로 나타낼 때 모두 절도에 맞게 해야 중용이 이루어진다고 말하는 거야."
"그런데 삼촌, 중용이 이 나무 막대기의 딱 중간을 말하는 것은 아니라고 하셨는데, 그건 왜 그렇죠?"
"무슨 말이냐 하면, 너희가 이 막대기의 중간을 수학 공식을 이용해 찾아내는 것이 중용은 아니라는 얘기야. 중용이란 쉽게 말해서 우리가 행동하는 데 있어서 가장 알맞은 곳을 찾는 거란다."

"그러면 가장 알맞은 중용의 위치라고 정해진 것이 있나요?"
기오의 질문에 노마가 윽박지르듯이 말했다.
"야, 그게 정해져 있으면 사람들이 그토록 오랫동안 찾으려고 애썼겠냐?"
그러자 삼촌이 피식 웃으며 아이들을 돌아보았다.
"그래. 기오와 노마가 다르듯이 모든 사람의 감정이 다르기 때문에 중용도 한 가지로 정해져 있지는 않단다. 너희들 장대저울을 본 적 있니? 긴 막대기에 추를 달아 무게를 재는 것 말이다."
"아, 그거요? 시골에서 시장에 갔을 때 사과 파는 아저씨가 그런 저울을 쓰시던 걸 봤어요. 그런데 느닷없이 저울은 왜 찾으세요?"
"내 이야기를 끝까지 들어 봐. 저울은 무게를 다는 데 쓰이지?"
"네."

"그런데 모든 물건이 그 무게가 다 똑같지는 않아. 무거운 징을 달 거나 가벼운 물건을 달 때, 저울추를 항상 같은 곳에 놓지 않는단 다. 그때그때 옮겨 맞추지."
"맞아요. 저울추를 옮기지 않으면 저울이 수평이 되지 않아서 무게를 제대로 잴 수가 없어요."
노마는 우쭐한 표정으로 말했다.
"그렇지! 우리 노마는 모르는 게 없다니까! 그 저울이 수평이 되게 하려면 저울추를 물건의 무게에 따라 옮겨 줘야 한단다. 이제 내가 왜 저울 이야기를 했는지 알겠니?"
"네. 물건에 따라 저울추가 옮겨지듯이 상황에 따라 중용도 달라진 다는 걸 말씀하는 거지요?"
삼촌은 역시 내 조카라며, 노마의 등을 툭툭 두드려 주었다.
"삼촌, 전 아직도 잘 모르겠어요."
기오가 얼굴을 찡그리며 삼촌에게 말했다.
"그래? 어떻게 설명해야 우리 기오가 잘 알아들을까?"
삼촌은 턱을 어루만지며 잠시 생각하더니 기오에게 물었다.
"기오는 어떤 때 제일 즐겁니?"
"새 장난감이 생겼을 때요."
"가령 새 장난감이 생겼을 때 3분쯤 기뻐하는 것이 가장 적당하다 고 생각해 보자. 그런데 장난감이 생겼을 때보다 더 즐거운 일이 생기면 3분쯤 기뻐해야 적당한 일이겠니?"
"물론 아니죠."

"그래. 더 즐거운 일이 생기면 3분보다 더 많이 기뻐해야 즐거움을 가장 잘 표현하는 것이 되겠지. 그처럼 가장 알맞은 마음의 표현이 바로 중용이니, 중용이란 그때그때 상황에 따라 결정되는 거란다."
그제야 기오는 고개를 끄덕이며 얼굴이 펴졌다.
노마는 가만히 중용에 대해 생각을 정리해 보았다. 하늘로부터 받은 우리 마음속에는 모든 이치가 다 들어 있고, 그 이치에 따라 마음을 가장 알맞게 표현하는 것이 바로 중용이라고.

중용에는 장사가 없다

"그런데 삼촌, 걱정이 생겼어요."
노마의 말에 삼촌은 무슨 말인가 하고 돌아보았다.
"중용이 뭔지 알고 나니까, 내가 정말 중용을 지키며 살 수 있을지 의심이 생겨요."
"하긴, 형은 지혜로운 사람은 아니니까."
기오가 날름 혀를 내밀었다.
"이게 남 아픈 데를……."
노마가 기오의 뒤통수에 알밤을 먹였다.
"노마야."
갑자기 삼촌이 목소리를 내리깔면서 노마를 불렀다.
"네?"
"지혜롭고 위대한 스승이라고 사람들의 존경을 받던 공자님도 중

용을 지키기가 어렵다고 하셨단다. 그러니 너무 상심하지 마라."
"그게 무슨 말씀이세요? 공자님이 두 손을 드셨다구요?"
"와, 이건 대단히 놀라운 사실인데."
노마와 기오는 눈을 동그랗게 뜨고 삼촌의 다음 말을 기다렸다.
"어느 날 공자님이 이런 말씀을 하셨다는구나. 천하를 다스릴 수도 있고, 벼슬도 사양할 수 있고, 서슬 푸른 칼날도 밟을 수 있지만, 중용은 능히 할 수 없다!"
"엉, 칼날을 밟아요?"
기오는 칼을 밟는다는 말에 화들짝 놀랐다.
"이 말은 무슨 뜻이냐 하면, 공자님은 먼저 세상을 가장 평등하게 다스리는 것을 최고의 정치라고 생각하셨지. 그 최고의 정치를 한다는 것은 물론 어렵지만 불가능한 것은 아니라는 말씀이지. 또한 벼슬을 사양하는 것은 아쉽지만, 그 또한 가능한 일이지. 또 칼날을 밟는 것은 바보같이 우직한 사람이라면 못할 것도 없지. 이처럼 앞의 세 가지 일은 불가능한 것 같지만 마음먹기에 따라 사실은 쉬운 일이 될 수도 있단다."

"하지만 중용이라는 것만은 그보다 훨씬 어렵다는 말씀이군요."

"그렇지."

"하지만 저는 칼날을 밟는 것보다는 중용이 쉬울 것 같아요. 중용이 뭔지 다 아니까 말이에요."

기오는 자신만만하게 말했다.

"그래. 기오의 말마따나 언뜻 생각하면 중용이란 앞에 말한 세 가지보다 알기도 쉽고 행동으로 나타내기도 어렵지 않을 것 같지?"

"그래요."

기오가 얼른 대답했다.

"하지만 중용을 지킨다는 것은 욕심이나 사사로움이 완전히 없어지지 않으면 불가능한 거야. 왜냐하면 털끝만큼이라도 사사로운 뜻이 있으면 반드시 지나치거나 모자라게 되기 때문이지. 그래서 중용을 지키려면 자나깨나 욕심을 버리고 어질고 옳은 일만 생각해야 하는데 과연 쉬운 일이겠니?"

"……"

"말로는 쉬울 것 같지만 1초도 욕심을 내지 않는다는 것은 우리로서는 무척 어려운 일이야. 그래서 공자님이 그런 말씀을 하신 게 아닐까?"

"삼촌 말씀을 듣고 보니 공자님같이 지혜롭고 어진 분도 어렵다고 하실 만해요."

"지혜롭고 어진 사람도 때로는 아는 것이 많아 행동을 하는 데 지나치는 경향이 있고, 또 어리석은 사람은 어리석은 대로 아는 것이 없어서 모자라게 행동하는 경우가 있단다. 그러니 지혜롭건 어리석건 모두 중용을 지키는 것은 어렵다는 것을 알 수 있지."

삼촌은 이렇게 끝맺음을 했다.

"아, 중용에는 장사가 없구나."

기오가 익살을 부렸다.

'그래, 기오의 말대로 중용에는 장사가 없어. 왜 지키지도 못할 것을 공자님은 말씀하시고 안타까워하실까?'

노마는 곰곰이 생각에 잠겼다.

평범한 사람은 중용을 못 할까?

"왜 아무도 지키지 못할 중용에 대해 공부를 해야 하지?"

노마가 혼잣말처럼 중얼거리자 기오가 냉큼 말을 받았다.

"그러게 말이야. 우리처럼 평범한 사람은 평생을 공부해도 어려울 텐데……."
그러자 삼촌이 다시 이야기를 시작했다.
"하지만 다 방법이 있단다."
"정말요? 어떤 방법인데요?"
기오가 삼촌의 말을 재촉했다.
"병에 따라 치료법이 다른 것처럼 사람마다 제각기 적당한 방법이 있거든. 사람을 크게 세 가지 부류로 나누어 보면, 첫 번째 부류의 사람들은 이미 하늘의 이치를 터득해서 노력하지 않아도 중용을 지킬 수 있는 사람들이지."

"두 번째 사람들은요?"

"두 번째는 조금만 노력하면 첫 번째 사람들처럼 될 수 있는 사람들이고, 세 번째는 아주 많이 부족한 사람들이지."

"두 번째와 세 번째 사람들은 어떻게 해야 하는 거예요?"

노마는 속으로 자기는 어디에 속하는지 생각해 보며 삼촌에게 물었다

"그 사람들은 얼마나 노력하느냐에 따라 충분히 달라질 수 있어. 먼저 두 번째 사람들은 학문을 열심히 닦고 많은 생각을 하면 사물의 이치가 무엇인지 차츰 깨우칠 수 있게 된단다. 그러니까 많이 배우고, 모르는 것은 자세히 묻고, 또 올바르게 행동하는 법을 항상 익혀야 하지."

"그럼 세 번째 사람은요?"

"그들은 어떤 면에서나 아주 많이 부족하지. 그렇기 때문에 더 많은 노력이 필요하단다. 이를 테면 남이 하나를 하면 그들은 백을 해야 하고, 남이 열을 하면 그들은 천을 해야 할 만큼 말이다."

"와, 남이 하나 할 동안 백을 해야 한다고! 난 못 해!"

기오는 스스로 세 번째 부류의 사람이라는 걸 인정했다.

"결국 열심히 공부하는 수밖에 없다는 말이란다."

"거기서 왜 또 공부가 나와?"

투덜거리는 기오를 노마가 위로하며 말했다.

"하지만 그 방법이라도 알았으니 다행이잖아. 그렇지 않으면 중용 근처에도 못 가 볼 텐데."

"아휴, 그나저나 중용을 지킬 수 있는 첫 번째 사람들은 얼마나 좋을까?"

기오는 한숨을 푹 내쉬었다.

"애들아, 그렇게 부러워할 것 없어. 너희들도 어쩌면 모두 첫 번째 사람과 같을지도 모르니까. 우리가 사람으로 태어난 이상 태어날 때부터 하늘로부터 모든 이치를 받은 거야."

"그건 그래요."

"마음에 있는 이치를 그대로 표현하는 것이 중용이니, 우리가 중용을 지킨다는 것은 결코 어려운 일이 아닐지도 몰라."

"그런데 왜 중용을 항상 지키지 못하나요?"

"그것은 마음이 때때로 흐려지고 욕심으로 가려지기 때문이지."

"그래도 저희는 항상 공부하고 있는데……."

이렇게 말하는 기오의 목소리에는 왠지 자신감이 없었다.

"너희가 말하는 공부는 지식을 얻는 단순한 공부이기 때문에 그것으로는 중용을 얻을 수 없단다. 중용은 마음에 있으니, 그 마음을 닦아 보석을 찾듯 자연의 이치와 진리를 찾는 것, 그것이 바로 참된 학문이고, 그 이치를 표현하는 것이 바로 중용 아니겠니?"

"하지만 내가 어른이 되면 중용을 잘 지킬 수 있을까?"

기오는 지금부터 중용을 공부하면 언제쯤 터득할 수 있을지 궁금한 모양이었다.

"글쎄, 얼마나 노력하느냐에 따라 다르지. 어떤 일을 하건 성실하게 꾸준히 노력해야 하는 것처럼, 중용의 길을 가는 것도 마찬가지니까."
"아휴, 골치 아파! 도대체 중용 같은 건 왜 배워야 하냐고!"
기오가 고개를 흔들며 소리를 질렀다.
"기오야, 중용은 인간이 본래대로 돌아가 자연의 이치대로 사는 것이란다. 자연의 이치를 알고 있는데, 그대로 살지 못하고 어두운 곳을 헤맨다면 그보다 더 억울한 일이 어디 있겠니? 옛 어른들은 그래서 중용의 덕을 쌓으면 세상에서 버림을 받아도 결코 후회하지 않고, 아무리 어려운 일을 당해도 여유를 가질 수 있다고 했지."
노마는 문득 이런 생각이 들었다.
'자연의 이치를 알고 그대로 행동하는데 무엇이 부족할까? 항상 부족하고 욕심을 부리는 사람은 아마도 보석을 찾지 못하고 돌을 찾는 어리석은 사람일 거야.'
어쩌면 진리는 먼 곳에 있는 것이 아니라 바로 내 안에 있다는 생각이 들자 노마는 자못 기뻤다.
"기오야, 우리도 중용 한번 해 볼까?"
노마가 씩 웃으며 말했다.
"하지만 형은 내가 한 번 할 동안 백 번을 노력해야 되는데 할 수 있겠어?"
기오는 노마의 눈치를 살피며 슬슬 약을 올렸다.
"뭐라구? 아휴, 내가 참아야지."
노마는 꿀밤을 한 대 먹이려다 그만 자기의 가슴을 쿵쿵 쳤다.
"그래야지. 아무나 중용을 하는 건 아니니까."

기오가 혀를 쏙 내밀고 달아났다.
"와, 더 이상은 못 참아. 너 거기 안 서!"
노마는 기오를 쫓아 우당탕 발소리를 내며 뛰어나갔다.
"쯧쯧, 중용의 길은 멀고 험하지!"
삼촌은 어쩔 수 없다는 듯 혼잣말로 중얼거렸다.

11월 16일 일요일 날씨: 흐림

　오늘은 삼촌과 오랫동안 중용에 대해 이야기를 나눴다.
　중용이란 행동을 할 때 모자라지도 지나치지도 않게 아주 알맞게 표현하는 것이라고 한다. 나도 그 정도는 안다. 또한 우리 마음에 아무 감정도 일어나기 전의 마음 또한 중용이라고 했다. 인간은 태어날 때 누구나 하늘의 이치를 갖고 태어나며, 그 마음은 눈처럼 순수하고, 결코 모자라거나 지나치지 않다고 한다. 결국 중용을 지킨다는 것은 자기 마음에 있는 이치를 따르는 것인데, 바꾸어 말하면 하늘의 이치가 곧 중용이라는 말이 된다.
　기오는 사람들이 알 수 있는 중용의 기준이 있느냐고 물었다. 서양의 어느 철학자는 중용을 확실히 정해 놓았다고 한다. 만용과 비겁의 중용이 용기라고 했다고 들었다. 그러나 삼촌은 무게에 따라 저울추가 움직이듯이 상황에 따라 중용도 달라진다고 했다. 하긴 사람마다 생김새도 모두 다르고 감정도 다른데 모두 똑같이 행동할 수는 없을 것이다.
　삼촌은 또 공자님 이야기도 해 주셨다. 공자님 같은 분도 중용을 지킬 수 없다고 하셨다는 말에 나는 몹시 놀랐다.
　그만큼 중용을 지키기가 어렵다는 얘기일 것이다. 그럼 나 같은 욕심쟁이는 중용 근처에도 못 갈까? 삼촌은 열심히 학문을 쌓으면 된다고 하신다. 물론 중간에 멈추거나 대충대충 해서는 효과가 없겠지. 하지만 기오와 나는 한번 해 보기로 했다. 언젠가는 반드시 중용을 얻을 수 있으리라 믿으며.
　내가 전에 만났던 공자님은 아주 높은 경지에 이르신 것처럼 보였는데, 그런 분도 중용을 지킬 수 없다고 하셨다니! 하긴 공자님도 저절로 되는 것은 없다고 하셨다. 언제나 학문을 위해 힘쓰고 배우려고 노력해야 높은 경지에 이를 수 있다고 하셨다. 중용도 마찬가지인가 보다. 저절로 이루어지는 것이 아니라 지키려고 끊임없이 노력해야 하는 것이지 않을까? 마치 줄 위를 걸을 때 균형을 잡으려고 애쓰는 것처럼 말이다.

그럼 나처럼 싫증을 잘 내는 사람은 어떻게 하지? 나도 언제 어느 상황에서나 차분하게 자신을 다스릴 수 있는 사람이 되고 싶다. 삼촌은 매일매일 노력이 쌓여야 할 수 있다고 말했다. 물론 중간에 멈출 수도 있지만 기오와 나는 이제부터 노력해 보기로 했다. 기오만 나를 약올리지 않으면 가능할 것 같은데 잘 될까 모르겠다.

암튼 중용을 지키는 사람이 될 수 있다면 정말 좋을 것 같다.

어린이 동양철학 2
맹자 가라사대

초판 1쇄 2007년 8월 27일
초판 5쇄 2021년 3월 30일
제2판 1쇄 2022년 4월 20일

지은이 | 어린이철학교육연구소
그린이 | 임정아
펴낸이 | 송영석

펴낸곳 | (株)해냄출판사
등록번호 | 제10-229호
등록일자 | 1988년 5월 11일(설립일자 | 1983년 6월 24일)

04042 서울시 마포구 잔다리로 30 해냄빌딩 5·6층
대표전화 | 326-1600 **팩스** | 326-1624
홈페이지 | www.hainaim.com

ⓒ어린이철학교육연구소·임정아, 2007, 2022

ISBN 979-11-6714-031-9
ISBN 979-11-6714-029-6(세트)

본문에 쓰인 사진 자료와 이미지는 권리자의 허락을 구하여 게재한 것입니다.
파본은 본사나 구입하신 서점에서 교환하여 드립니다.